卓越幼师培养系列教材·新型活页式

# 幼儿园生活活动组织与实施

主 编 马 郁 门亚玲 刘卫卫
副主编 孙 洁 王 娜

电子工业出版社
**Publishing House of Electronics Industry**
北京·BEIJING

## 内容简介

幼儿在园的生活活动是幼儿园课程不可缺失的重要内容。幼儿教师可以通过组织与实施适宜的生活活动，更好地促进幼儿身心全面发展。本书按照幼儿一日生活的一般流程，着重介绍了晨间接待、盥洗环节、进餐环节、如厕环节、饮水环节、午睡环节、离园环节、过渡环节的各岗位教师工作的主要内容、常规要求及注意事项，同时将与具体环节联系紧密的相关知识穿插其中，让学生在具体情景中进行学习和训练，实现"理实结合"，提高教育的针对性、职业性、实用性。

本书可作为学前教育专业及相关专业的教材，同时也是广大幼儿教师的有益读本。

**图书在版编目（CIP）数据**

幼儿园生活活动组织与实施／马郁，门亚玲，刘卫卫主编 . -- 北京：电子工业出版社，2022.6
ISBN 978-7-121-43570-6

Ⅰ . ①幼… Ⅱ . ①马… ②门… ③刘… Ⅲ . ①幼儿园－一日生活组织 Ⅳ . ① G612

中国版本图书馆 CIP 数据核字（2022）第 094768 号

责任编辑：朱怀永　　　　　　特约编辑：付　晶
印　　刷：天津画中画印刷有限公司
装　　订：天津画中画印刷有限公司
出版发行：电子工业出版社
　　　　　北京市海淀区万寿路 173 信箱　　邮编　100036
开　　本：787×1092　1/16　印张：11.75　字数：294.4 千字
版　　次：2022 年 6 月第 1 版
印　　次：2022 年 6 月第 1 次印刷
定　　价：48.00 元

凡所购买电子工业出版社图书有缺损问题，请向购买书店调换。若书店售缺，请与本社发行部联系，联系及邮购电话：（010）88254888，88258888。
质量投诉请发邮件至 zlts@phei.com.cn，盗版侵权举报请发邮件至 dbqq@phei.com.cn。
本书咨询联系方式：（010）88254608，zhy@phei.com.cn。

# 卓越幼师培养系列教材编委会

# P 总序
Preface

当前，学前教育专业的改革任重道远。如何培养新时代"实践智慧型"幼儿教师是我们共同面临的课题，解题的关键在于从教师、教材、教学的改革入手，实现"理实结合"，提高教育的针对性、职业性、实用性。坚持"以学生为中心，以成果为导向"的教改理念，改造传统的以学科内容逻辑结构为核心的课程体系，贯彻以解决幼儿园实际问题为核心，以跨学科思维和培养学生分析问题、解决问题能力为组织课程的主要线索及建构课程的原则，应是学前教育专业教材建设的着力点。

本系列教材力求打破学前教育专业传统教材普遍存在的学科体系浓厚的特征，在遵循职业教育教学规律与专业人才成长规律的基础上，结合先进职业教育理念，探索以学生为中心来设计教材。为凸显实用性与实践性，本系列教材以幼儿教师具体的职业岗位为依据、以岗位核心能力为标准、以幼儿园典型工作任务为载体组织内容，按照"岗位工作领域—工作流程—岗位技能要求—知识点与技能点"的思路开发，通过任务、情境等将知识与技能相结合，并配有丰富的信息化课程资源与拓展性活动作为辅助。此外，本系列教材凸显全面融入师德养成、岗课赛证融通、课程思政元素，以模块化结构、任务驱动形式体现卓越幼师人才培养等特色。

本系列教材也是当前学前教育专业新型活页式教材的典型代表之一。"师范百年"的发展已经将教师教育属性和学前教育属性充分渗透在学前教育专业的培养之中，但作为职业教育的一种，其职业教育属性的特征亟待探索和实践。建设职业教育新形态教材是职业教育类型教育特征的内在要求，本系列教材充分挖掘职业教育新型活页式教材的内涵和特征，无论是编写团队，还是体例、结构、内容，都体现出紧紧围绕学前教育专业的人才培养目标、以教材内容为中心、与教师和教法改革同向同行、组建多元协同创新的建设团队的特点。

洪秀敏

2022年4月

# P 前言
## Preface

　　关注幼儿在园一日生活活动，是实现保教结合的重要途径之一。保教结合体现了幼儿身心发展的规律和特点，3~6岁幼儿接受托幼机构教育的重要任务之一就是促进其身体的正常发育和情绪的稳定，生活活动对于这一目标的实现具有决定性的作用。注重生活活动是幼儿园教育区别于其他年龄段教育的重要特征，也是幼儿教育专业性的体现。幼儿园作为一个专门的教育机构存在于整个教育体系之中的重要理由之一就是保教并重，幼儿教师的专业性之一就是保教结合。本书既可以作为各类院校学前教育专业的教材，也可以作为幼儿园工作人员及相关人员的参考用书。本书弥补了传统学前教育专业教材中存在的"理论多，技能训练少"的不足，将学前教育专业系列课程的理论与实践相结合，突出岗位能力的培养与提升。

　　本书共由八个模块构成，依次是晨间接待环节、盥洗环节、进餐环节、如厕环节、饮水环节、午睡环节、离园环节、过渡环节。每个模块都涉及幼儿教师的岗位职责和对幼儿的常规要求，让幼儿在幼儿园的一日生活中不断成长。生活世界本来就是幼儿自己的，要让幼儿真正去亲近自己的生活，真正感受自己生命成长的有力脉动。

　　本书根据学前教育专业人才培养目标、岗位能力需求及专业技能要求进行设计和编写。全书立足于培养学前教育专业学生的教育理念和教学综合运用能力，强调以"学生为中心"，融合"教材即学材"的理念，编写时注重选取面向专业要求、适应岗位需求、符合行业要求的内容，适应专业学生的学习能力提升和自主学习的需要。本书具有以下三大特点：

（1）理论适度够用，注重能力培养。本书结合先进的学前教育理论，将岗位能力教育始终贯穿在教学内容和教学设计中，将学前教育专业的能力目标和工作任务转化为学习情境，以情境化的任务为载体设计教学内容。相关理论不追求系统性叙述，而是以提升学生知识与技能并存、强调运用能力为核心。

（2）编写模式创新，注重易教利学。本书采用活页式编写体例，结合现在的学生乐于学习和使用新媒体技术的特点，在编写时适当调配理论知识与案例的比例，增加新媒体资源，融入多种学习版块，使教材易教利学，可读性及可操作性增强。

（3）以需求为导向，注重课程针对性。根据幼儿教师岗位需求，紧密结合幼儿教师资格考试大纲和标准，提炼考点与教学重难点对应度，做到模块有重点，任务有考点，真题解析与真题模拟有针对性、实效性。

本书为高等职业教育学前教育专业系列教材之一，由咸阳职业技术学院学前教育专业骨干教师、北京市朝阳区朝花幼儿园教研人员、卓越云师（北京）教育技术有限公司专家及编写团队共同合作开发。本书的编写主要由10位老师负责，马郁担任组长，负责统筹全书内容、体例及人员分工。具体编写分工如下：门亚玲负责编写模块一，马郁负责编写模块二，刘卫卫负责编写模块三的任务一，王娜负责编写模块三的任务二，季承负责编写模块四的任务一，郜康锋负责编写模块四的任务二，孙洁负责编写模块五，席莉莉负责编写模块六，刘静负责编写模块七，金凤负责编写模块八。感谢各参与单位的鼎力支持和各位老师的通力合作！

由于编者的能力和水平有限，书中难免存在不妥之处，望广大读者批评和指正，以便进一步修改和完善。

编者

2022年3月

# C目录
## Contents

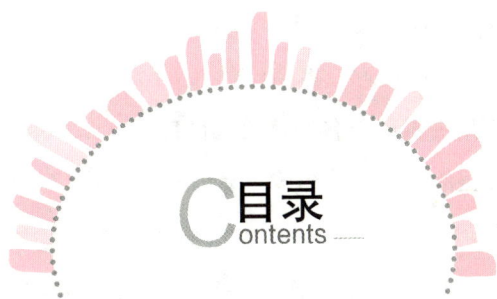

## 模块四　如厕环节

## 模块五　饮水环节

## 模块六　午睡环节

## 模块七　离园环节

## 模块八　过渡环节

# 模块一 晨间接待

## 一、岗位能力模型

晨间接待岗位能力模型见表1-1。

表1-1　晨间接待岗位能力模型

| 模块 | 岗位能力描述 | 《学前教育专业师范生教师职业能力标准（试行）》 |
|---|---|---|
| 晨间接待 | 晨间接待是幼儿一日愉快生活的开始，也是对幼儿实施养成教育的有效途径之一，更是良好家园关系建立的宝贵时机。良好的晨间接待不仅要求各岗位教师有充足的爱心和耐心，鉴于他们在此环节的主要工作内容不同，还需要他们具备相应的岗位能力。主班教师需要具备细致入微的观察能力、良好的沟通能力和较强的组织协调能力；配班教师需要具备较强的晨间活动组织能力和团队协作能力；保育员需要具备熟练的清洁消毒技能与团队协作能力 | 二、保育和教育实践能力<br>2.1　掌握专业知识与技能<br>2.1.1　保育教育基础<br>掌握科学照料幼儿日常生活的基本方法，了解幼儿日常卫生保健、传染病预防和意外伤害事故处理的相关知识，掌握面临特殊事件发生时保护幼儿的基本方法。<br>2.3　组织一日生活<br>能够安排和组织幼儿园一日生活的主要环节，具有将教育渗透一日生活的意识，能够与保育员协同开展班级常规保育和卫生工作 |

## 二、知识点与技能点

```
                                              ┌─ 入园前的准备工作
                              ┌─ 知识点 ──────┼─ 晨间接待的内容及常规要求
         了解晨间接待各岗位     │               └─ 物品交接常规要求
         教师的职责 ──────────┤
                              │               ┌─ 室内室外清洁消毒的规范操作
                              └─ 技能点 ──────┼─ 幼儿常规晨检
晨间接待 ─┤                                    └─ 晨间活动的组织
                              ┌─ 知识点 ──────┬─ 幼儿不良情绪的识别
         缓解幼儿的不良情绪 ──┤               └─ 幼儿不良情绪的安抚方法
                              └─ 技能点 ──────── 幼儿不良情绪的安抚
```

### 思政目标

1.通过晨间接待环节的学习，培养学生积极主动向他人问好的意识，懂得礼仪教育的重要性。

2.结合晨间接待环节的组织与开展，引导学生学会尊重和关爱幼儿，树立正确的教师观。

## 三、工作任务

### ★ 任务一　了解晨间接待各岗位教师的职责

#### 1.任务描述

早晨幼儿还没有到园的时候，小一班的保育员张老师已经把活动室打扫得干干净净，打开窗户通风，把小朋友的小水杯和小毛巾都按照对应的名字摆放好，等待着小朋友们的到来。主班王老师已经穿戴整齐、笑容满面地站在幼儿园门口迎接家长和小朋友。门卫检查了家长的接送卡，小朋友在幼儿园门口跟老师问好，和父母再见，然后接受保健医生的晨检。晨检后配班李老师带着小朋友们到操场上进行晨间活动，王老师继续在门口等待其他小朋友的到来。

（1）请你结合案例和《乐美说入园》思考，在幼儿入园前，主班教师、配班教师、保育员都做了哪些准备工作？幼儿园其他岗位的工作人员还要做哪些准备工作？（完成工作表单1）

（2）请你仔细阅读案例，想想在晨间接待环节中都出现了哪些幼儿园工作人员？他们分别做了什么事情？另外，请你结合"学习支持"部分的内容，思考在这个环节保健医生对幼儿进行晨检的具体步骤及方法分别是什么呢？（完成工作表单2）

扫码观看数字教学资源《乐美说入园》，以小组为单位完成工作表单1。

本任务课件

乐美说入园

## 2.工作表单

工作表单1和工作表单2分别见表1-2和表1-3。

表1-2　工作表单1

| 工作表单1 | 入园前工作准备常规要求 | 姓　名 | | 学　号 | |
|---|---|---|---|---|---|
| | | 评分人 | | 评 分 | |

1.请你结合案例和《乐美说入园》思考，在幼儿入园前，主班教师、配班教师、保育员分别都做了哪些准备工作？

主班教师：_____

_____。

配班教师：_____

_____。

保育员：_____

_____。

2.幼儿园其他岗位的工作人员还要做哪些准备工作呢？

保健医生：_____

_____。

厨房人员：_____

_____。

办公室行政人员：_____

_____。

表1-3　工作表单2

| 工作表单2 | 晨间接待环节各岗位职责 | 姓　名 | | 学　号 | |
| --- | --- | --- | --- | --- | --- |
| | | 评分人 | | 评　分 | |

1.请你仔细阅读案例，想一想在晨间接待环节都出现了哪些幼儿园工作人员？他们分别做了什么事情？

（1）主班教师：＿＿＿＿＿＿＿＿＿＿＿＿＿＿＿＿＿＿＿＿＿＿＿＿

（2）＿＿＿＿：组织幼儿晨间活动。

（3）保育员：＿＿＿＿＿＿＿＿＿＿＿＿＿＿＿＿＿＿＿＿＿＿＿＿。

（4）保健医生：＿＿＿＿＿＿＿＿＿＿＿＿＿＿＿＿＿＿＿＿＿＿＿。

（5）安保人员：＿＿＿＿＿＿＿＿＿＿＿＿＿＿＿＿＿＿＿＿＿＿＿。

2.请你结合"学习支持"部分的内容，思考在这个环节保健医生对幼儿进行晨检的具体步骤及方法分别是什么呢？

晨检步骤：＿＿＿＿＿＿＿＿＿＿＿＿＿＿＿＿＿＿＿＿＿＿＿＿

＿＿＿＿＿＿＿＿＿＿＿＿＿＿＿＿＿＿＿＿＿＿＿＿＿＿＿＿＿＿。

晨检方法：＿＿＿＿＿＿＿＿＿＿＿＿＿＿＿＿＿＿＿＿＿＿＿＿＿

＿＿＿＿＿＿＿＿＿＿＿＿＿＿＿＿＿＿＿＿＿＿＿＿＿＿＿＿＿＿。

### 3.反思评价

（1）通过学习本任务的内容，你对晨间接待环节中班级各岗位教师的主要职责有哪些了解呢？

（2）请你对自己在本次任务中的学习情况进行评价。

课堂活动参与度　☆　☆　☆　☆　☆

小组活动贡献度　☆　☆　☆　☆　☆

学习内容接受度　☆　☆　☆　☆　☆

### 4.学习支持

晨间接待中的"问好"环节是幼儿园一日生活的开始，好的开始是成功的一半。因此，教师要利用好这一环节。然而，怎样通过"问好"环节让每位幼儿都能在积极愉快的状态下进行其他活动，这就是幼儿教师应该研究与探索的问题。

**政策法规**

《北京市贯彻〈幼儿园教育指导纲要（试行）〉实施细则》中指出："和谐的精神环境有利于幼儿心理建立安全感，产生愉快的心理感受。"因此，教师要"以理解、尊重和接纳的态度对待每位幼儿"，要为幼儿努力"创设一个能使幼儿感受到支持、关心和接纳的良好氛围"。

1）入园前准备工作及各岗位的工作内容与职责

①主班教师：

A.准时更换园服、园鞋、盘头，不佩戴首饰，保持良好的精神状态。

B.配合并检查配班教师和保育员入园前准备工作的完成情况。

②配班教师：

A.准时更换园服、园鞋、盘头，不佩戴配饰；

B.协助保育员完成幼儿入园前的准备工作。

③保育员：

A.准时更换园服、园鞋、盘头，不佩戴配饰；

B.进班后先开窗通风15分钟，再进行室内外清洁消毒工作，做到"七净"，即保持地面、桌椅、门窗、玩具柜、衣帽柜、水杯架及毛巾架干净。将垃圾袋套入纸篓，准备小毛巾、餐巾纸、便纸、洗手香皂等。

**工作场景**

班级有个小男孩叫晟羽，他长得白白胖胖的。早上，他像一匹奔驰的骏马一样朝教室门口一路奔跑过来，嘴里还响亮而干脆地喊着："老师早，小朋友早！"我连忙张开双臂一把抱住他，一边缓住他着急往前冲的势头，一边微笑着点点头说："晟羽，早上好！老师知道你想早点来幼儿园玩游戏，可是走路要学小猫一样轻轻地走，这样才有礼貌哦。去选一件自己喜欢的玩具和好朋友一起玩，好吗？"他响亮地回答："好！"就这样晟羽放慢脚步走进了教室，玩起了自己喜欢的玩具。

2）晨间接待各岗位的工作内容与职责

①安保人员：全副"武装"，与值班行政人员站在幼儿园大门口迎接幼儿，检查幼儿和家长的接送卡并维持秩序，处理其他突发事件。

②主班教师：在幼儿园门口热情地接待幼儿，主动向幼儿和家长问好，与家长进行简单、必要的交流。和幼儿沟通感情，如幼儿哭闹，应与家长沟通哭闹原因并进行情绪安抚，尽快完成哭闹幼儿的入园工作。

③保健医生：对幼儿进行晨检。

一问：向家长询问幼儿的饮食、睡眠、大小便情况，从而了解幼儿的健康状况。

二看：看幼儿的面色、精神状态，以及幼儿的五官、咽喉、腮部、裸露在外的皮肤等有无异常及某些传染病的早期症状，对有可疑症状的应及时告知家长带幼儿去医院排查诊治，待幼儿痊愈且隔离期满后方可返园。

三摸：幼儿入园时保健医生用手触摸幼儿的额头，初步辨别有无发热现象，对可疑的幼儿用体温测量仪器测量体温。若发现幼儿发热，保健医生首先应了解幼儿发热的原因，有无到医院就诊，如果没有应说服家长带幼儿到医院就诊或回家休息。

四查：检查幼儿有无携带危险物品。常见的危险物品包括小珠子、玻璃片、带尖的玩具等。幼儿不宜食用的食品有瓜子、口香糖、果冻等。若发现上述物品或食品应交由家长带回，或者暂时由班级老师保管，离园时由家长带回，并做好家长与幼儿的安全宣传与教育工作。

五登记：登记晨检中发现异常的幼儿和处理方法，并将情况反馈给主班教师，提醒其对这些幼儿进行追踪观察。

④配班教师：为幼儿完成晨检后，引导幼儿投入晨间活动中。例如，做早操、晨间谈话或集体阅读等。

⑤保育员：配合教师组织幼儿进行晨间活动。

| 保安员 | |
| --- | --- |
| 1.着装规范，健康上岗。 | 5.疏导家长的车辆。 |
| 2.礼貌迎接幼儿及家长。 | 6.礼貌疏导交通。 |
| 3.监督家长刷接送卡。 | 7.迟到幼儿的晨检。 |
| 4.校车管理。 | |

**重点强调：**
1. 车辆严禁入园。
2. 家长不得带宠物入园。
3. 家长不得在幼儿园内吸烟。

| 保健医生 | |
| --- | --- |
| 1.着装规范，健康上岗。 | 5.规范晨检。 |
| 2.巡查厨房。 | 6.晨检后发晨检卡。 |
| 3.巡查班级。 | 7.晨检记录。 |
| 4.晨检准备。 | |

**重点强调：**
1. 不忽略迟到幼儿的晨检。
2. 幼儿在园用药切记让家长签字及核对。

| 教师 | |
| --- | --- |
| 1.着装规范，健康上岗。 | 4.迎接幼儿来园。 |
| 2.教室准备。 | 5.自选活动。 |
| 3.教学准备。 | 6.早餐前洗手。 |

**重点强调：**
1. 晨间接待环节教师与家长短暂交流很重要。
2. 特殊情况下，分时段在园门口接幼儿时的流程、路径分工很重要。

| 保育员 | |
| --- | --- |
| 1.着装规范，健康上岗。 | 4.迎接幼儿来园。 |
| 2.教室准备。 | 5.早餐前餐桌消毒。 |
| 3.卫生间准备。 | 6.取早餐。 |

**重点强调：**
1. 特殊情况下，84消毒液配比浓度不同。
2. 消毒频率不同。
3. 消毒力度不同。

3）做好晨检工作的方法

①保健医生晨检工作时的姿态。保健医生应主动、热情地问候幼儿，给家长及幼儿传递被尊重和被呵护的情感，让家长放心、信任幼儿园。

②每日晨检过程中幼儿的配合。保健医生应每天按照惯例要求幼儿进园时主动接受晨检，特别是新入园的幼儿。班级教师可以通过开展健康教育教学，告知幼儿养成每日晨检的良好习惯及为什么晨检，周而复始，幼儿就会积极参与进来。

③和家长有效地沟通。晨检是保健医生和家长就有关幼儿健康问题有效沟通的最好时机，有效地沟通可以预防许多意外情况的发生。

④晨检时的幼儿管理。保健医生每日在幼儿园门口晨检时，要准备红、黄、绿三种晨检卡，方便进班后班级教师对幼儿的管理。绿卡提示幼儿一切正常，红卡提示幼儿不能进班，黄卡提示幼儿今天需要特别关注，没有晨检卡的幼儿则是未进行晨检的，班级教师应不予接收。同时，保健医生对在晨检过程中发现的异常情况要进行及时、翔实的登记，并在一日观察中重点留意特殊幼儿的健康状况。

**工作场景**

尹尹由于身体不适好几天没来幼儿园了。今天早上，妈妈牵着尹尹的小手来到了教室门前。"哦，是尹尹来了啊！几天不见，我们都很想你。现在身体好了吗？"尹尹一声不吭，只是默默地看着我。妈妈在一旁忙说："好多了，休息了几天，感冒基本上好了，只是麻烦老师提醒孩子多喝点温开水。""没关系，您就放心吧。"我转过头微笑着对尹尹说："几天没见，你想老师了吗？跟老师说句悄悄话，好吗？"他只是略带腼腆地微微点了点头。这时，我给了他一个大大的拥抱，还鼓励其他小朋友跟尹尹打招呼。"尹尹早！""小朋友早！"在同伴的问好声中，他自然、愉快地回应着。不一会儿，尹尹就和大家玩了起来。

4）各环节的注意事项

（1）入园前准备环节的注意事项

各岗位工作人员一定要按时到岗，提前做好接园的各项准备工作。

如果当天班级中有教师请假，一定提前做好工作交接和安排。如若本班级教师人手不够，一定上报给幼儿园相关管理人员进行人员调配补给。

（2）晨间接待的注意事项

保健医生在晨检过程中，若发现幼儿身体有异常，应立即与家长进行沟通。如情况严重，需请家长带幼儿回家进行居家观察或就医；如果没有大碍，保健医生应做好记录，要求教师要多关注，保健医生也要经常巡察。

如果晨间活动是早操，那么早操结束后，主班教师应组织幼儿排队并清点人数，提醒幼儿带好自己的物品；配班教师在队尾检查幼儿物品并协助主班教师组织幼儿回班盥洗进餐。晚到的幼儿由园务人员、保教主任等送至班级并和班级教师做好交接。

（3）物品交接的注意事项

主班教师接收幼儿携带的衣物、书包、玩具等物品，对特殊情况，应进行详细记录，并及时与班上其他教师进行沟通，达到信息同步，而且能够相互提醒。

5）晨检环节的安全管理

（1）常见的安全隐患

A.幼儿入园时可能会将外界病菌带入园中，由于幼儿免疫力较低，流行病、传染病在幼儿园的发生概率很高。

B.因幼儿携带危险物品而导致的呛噎、窒息等事件屡见不鲜。

C.一些幼儿园的晨检流于形式，形同虚设，为安全事故的发生埋下了隐患。

（2）安全管理要点

A.教师要提醒幼儿入班后先洗手，防止幼儿将病菌带入园中。

B.晨检是幼儿安全入园的第一道屏障，教师要做好晨检工作，排除潜在的安全隐患。教师要认真检查幼儿的口袋、书包，排查幼儿是否携带危险物品，如若发现危险物品，要及时告知家长其危害性，让家长有警惕意识，树立安全工作检查第一的思想。

C.教师要指导幼儿安全地进入活动区。如果是室内活动，要保证幼儿在教师的视线范围内；如果是室外活动，教师要保证全部幼儿安全到达活动场地，避免出现幼儿独自一人的情况。

D.对于生病的幼儿，教师要格外留心。一方面，教师要向家长询问患病幼儿的身体状况和服药情况，由幼儿家长亲自填写"服药登记表"并签名；另一方面，教师要随时关注身体不适的幼儿，照顾幼儿按时服药，注意把药品放在幼儿碰不到的地方。

## 任务二　缓解幼儿的不良情绪

**本任务课件**

### 1.任务描述

喜喜小朋友来园前一直是由妈妈全职在家照顾，妈妈平时在家特别溺爱她。喜喜每次来园都会大哭，拽着妈妈的衣服不让妈妈走，也不愿意配合保健医生进行晨检。主班王老师看到这个情景，轻轻地走过去跟喜喜问好。王老师说她看到保育员老师把喜喜的小毛巾和小水杯分别放在了贴有喜喜照片的毛巾架和水杯格中，并邀请喜喜跟着她进班级去看看小毛巾和小水杯。喜喜听到这些话，她的小手逐渐松开了妈妈的衣服，眼看喜喜就要让主班老师抱着走了，结果喜喜妈妈却哭了。妈妈舍不得喜喜，把孩子从主班老师的怀里又抱走了，说要再陪喜喜一会儿。

（1）喜喜小朋友这种表现有可能是什么原因造成的呢？什么是分离焦虑？造成幼儿分离焦虑的主要原因有哪些呢？（完成工作表单1）

（2）主班教师是如何做的呢？如果你遇到类似的情况，你会怎样安抚幼儿的情绪？（完成工作表单2）

## 2.工作表单

工作表单1和工作表单2分别见表1-4和表1-5。

表1-4  工作表单1

| 工作表单1 | 幼儿出现分离焦虑的原因 | 姓 名 | | 学 号 | |
|---|---|---|---|---|---|
| | | 评分人 | | 评 分 | |

1.结合案例，你认为喜喜出现分离焦虑的原因是什么？

我认为喜喜出现分离焦虑的原因是_____

_____。

2.什么是分离焦虑？

分离焦虑的定义：_____

_____。

3.造成幼儿入园分离焦虑的原因主要有哪些呢？

（1）幼儿方面：_____

_____。

（2）家庭方面：_____

_____。

表1-5　工作表单2

| 工作表单2 | 缓解幼儿入园焦虑的方法 | 姓　名 | | 学　号 | |
|---|---|---|---|---|---|
| | | 评分人 | | 评　分 | |

1.主班教师都用了什么策略来安抚喜喜的情绪？案例中是怎么体现这些策略的？

（1）主班教师用了＿＿＿＿＿＿＿＿＿

＿＿＿＿＿＿＿＿＿＿＿＿＿＿＿＿＿＿

＿＿＿＿＿＿＿＿＿＿＿＿＿＿＿＿＿＿

的策略来安抚喜喜的情绪。

（2）案例是通过＿＿＿＿＿＿＿＿＿

＿＿＿＿＿＿＿＿＿＿＿＿＿＿＿＿＿＿

＿＿＿＿＿＿＿＿＿＿＿＿＿＿＿＿＿＿

来体现这些策略的。

2.如果你遇到类似的情况，你觉得应该从哪些方面去解决这个问题？

（1）幼儿角度：
教师的积极引导

＿＿＿＿＿＿＿＿＿＿＿＿＿＿＿＿＿＿

＿＿＿＿＿＿＿＿＿＿＿＿＿＿＿＿＿。

（2）家庭角度：
降低亲子依恋程度

＿＿＿＿＿＿＿＿＿＿＿＿＿＿＿＿＿＿

＿＿＿＿＿＿＿＿＿＿＿＿＿＿＿＿＿。

（3）＿＿＿＿＿角度：

＿＿＿＿＿＿＿＿＿＿＿＿＿＿＿＿＿＿

＿＿＿＿＿＿＿＿＿＿＿＿＿＿＿＿＿。

### 3.反思评价

（1）通过学习本任务的内容，你对幼儿入园分离焦虑有什么新的想法吗？

（2）请你对自己在本次任务中的学习情况进行评价。

课堂活动参与度 ☆ ☆ ☆ ☆ ☆

小组活动贡献度 ☆ ☆ ☆ ☆ ☆

学习内容接受度 ☆ ☆ ☆ ☆ ☆

**关键概念**

分离焦虑：幼儿与某个人产生亲密的情感联结后，在与之分离时，产生的伤心、痛苦，以表示拒绝分离。这是幼儿焦虑症的一种类型，多发于学龄前期。约翰·鲍尔比通过观察把幼儿的分离焦虑分为三个阶段：反抗阶段——号啕大哭，又踢又闹；失望阶段——仍然哭泣，断断续续，动作的吵闹减少，不理睬他人，表情迟钝；超脱阶段——接受外人的照料，开始正常活动，如吃东西、玩玩具，但是看见父亲时又会出现悲伤的表情。

### 4.学习支持

1）缓解幼儿分离焦虑的方法

（1）降低亲子依恋强度

在未进入幼儿园之前，大部分幼儿只跟父母或其他养护人建立了比较紧密而又单一的依恋关系。一旦进入幼儿园的陌生环境，他们便会产生这种分离焦虑。因此，逐渐降低亲子依恋强度，是缓解幼儿分离焦虑首要考虑的问题。在生活中，父母或其他养护人一定要适当地放手，让幼儿做自己力所能及的事，让他们感受到成就感，知道依靠自己能独立完成一些事情，从而降低对父母或其他养护人的依赖。

（2）积极地引导

在幼儿入园之前要让他们知道幼儿园是个好玩的地方，家长可以经常跟孩子说：老师会像妈妈一样照顾你，你有什么需要帮忙的事情，可以和老师说，幼儿园还有很多小伙伴在一起玩游戏。让幼儿对幼儿园有一个好印象，并且产生向往与期待。

（3）形成新的依恋关系

家园配合让幼儿尽快与班级某一位老师建立新的依恋关系。在接送幼儿时，家长可以刻意地在幼儿面前与老师进行友好的交流，让幼儿觉得老师是爸爸妈妈的好朋友。每天入园的时候，家长可以跟幼儿做一个约定，家长送其到教室门前就会去上班，温柔而坚定地执行，不要表现出不舍。

（4）增强幼儿园的吸引力

家长接幼儿离园时，可以陪幼儿在幼儿园玩一会儿。幼儿园一般允许家长陪幼儿在户外活动，家长可以陪幼儿在大型器械区域玩一会儿，但要注意安全。这样，幼儿可能会"怀念"在幼儿园玩耍的情境，第二天就有了更强的想去幼儿园的动力。

**拓展阅读**

陶行知先生曾说："爱是一种伟大的力量，没有爱就没有教育。"教师的爱是一种神圣的爱，孩子沐浴在老师甜甜的爱中，能使孩子生活在充满温情的氛围里。然而老师的一举一动无时无刻不在影响着幼儿的心理，如老师的一个拥抱或是一句关心的话语，都会让孩子感受到关爱与关心。因此，当孩子早上来园时，教师的问候具有强大的意义及艺术性。在幼儿来园时多观察幼儿的表现，并对不同性格、不同情绪的幼儿做出不同的问好方式，使孩子感受到自己也是这个大家庭中备受欢迎的一部分，体会到老师的关爱、同伴的关注，在孩子心目中老师就是依靠，小朋友就是玩伴。这样，孩子在这个陌生的环境中就不会感到孤独、无依无靠。同时，在家长们的眼里，自己家的孩子受到老师和同伴的欢迎，能增强家长对老师的信任，家长才能放心地把孩子交到老师手里，安心工作。

（5）培养幼儿的生活技能

生活自理能力差也能引起幼儿的分离焦虑。在幼儿园很多事情都需要依靠幼儿自己完成。有一部分幼儿因为自理能力差导致很多事情无法独立完成，尤其是在吃饭和睡觉的时候，自然就会想起父母。在幼儿正式入园前，家长应有意识地培养幼儿的生活技能，如让幼儿自主吃饭、独立如厕、认识自己的物品等。

2）晨间接待碰到哭闹的幼儿，教师如何安抚幼儿的不良情绪

①抱一抱：对于哭闹的幼儿，教师先把他抱在怀里，进行安抚。

②哄一哄：转移幼儿的注意力，减少哭闹的情绪。

③说一说：引导幼儿和教师说话，帮助幼儿逐渐恢复情绪。

④查一查：向家长了解幼儿哭闹的原因。

⑤定一定：与家长共同商讨解决幼儿哭闹的方法，达成共识。

**工作场景**

不远处传来一个带着哭腔的声音："我要回家……"我就知道是佳怡来了。循着哭声走过去，只见她脸上挂着眼泪依偎在外婆的怀里。我直接说："佳怡，今天有两条小金鱼对我说它们喜欢你喂的食物，你再不来，他们就要饿肚子了。"哭声顿时消失了，佳怡的眼睛就往自然角那边看。我从她外婆手里接过佳怡，和她一起来到自然角，佳怡拿起旁边的鱼食一边喂一边问："小鱼，好吃吗？"不知不觉地，佳怡就和旁边的小朋友聊起了关于小鱼的话题。

3）关于幼儿分离焦虑给家长的建议

很多家长会在这时候跟孩子摆事实讲道理，告诉孩子为什么要上幼儿园，幼儿园有多么多么好之类的话，而孩子根本听不进家长讲的道理，他们只知道白天离开家长后会真的想念家长。所以，孩子会想尽一切办法，希望家长能带他们回家。

面对这种情况，请家长温柔而坚定地告诉孩子："妈妈知道你很想我，我也会很想你的，下午5点我会准时来接你。"如果孩子重复地说同样的话，妈妈就要重复地给予坚定地回答。孩子会在重复地回答中渐渐正视问题，学会接受幼儿园。

另外，送孩子入园时，不要和孩子"纠缠"，把孩子交到老师手中后，迅速离开。

## 四、课证融通

幼儿园教师资格考试"保教知识与能力"科目关于本模块内容的考查及例题见表1-6，需要着重学习和思考。

表1-6 幼儿园教师资格考试"保教知识与能力"科目关于本模块内容的考查及例题

| 幼儿园教师资格考试"保教知识与能力"科目 |
| --- |
| 考试目标：掌握幼儿生活指导的基础知识与能力；掌握幼儿园一日生活和幼儿卫生、保健、营养、安全等方面的基本知识，并在实践中应用。<br>考试内容与要求：<br>1.熟悉幼儿园一日生活的主要环节，理解一日生活的教育意义。<br>2.了解幼儿生活常规教育的要求与培养幼儿良好生活、卫生习惯的方法。<br>题型：单项选择题、材料分析题、论述题等。 |
| 例题：2019年幼儿园教师资格证考试"保教知识与能力"科目中的论述题如下。<br>论述题：试述科学安排幼儿园一日生活的原则。 |

## 五、阅读思享

推荐阅读：

何桂香：《幼儿园家长工作指导》，北京师范大学出版社，2020年出版。

推荐理由：

在幼儿园晨间接待环节，除了要做好日常的入园准备、物品交接、晨检等工作，最重要的是与幼儿家长进行沟通。这是与家长沟通较为密切的时间段，把握好这一时间段的家园共育会让你的幼儿教师工作更加轻松自如。

# 模块二  盥洗环节

## 一、岗位能力模型

盥洗环节岗位能力模型见表2-1。

表2-1　盥洗环节岗位能力模型

| 模块 | 岗位能力描述 | 《幼儿园教师专业标准（试行）》 |
| --- | --- | --- |
| 盥洗环节 | 从小养成良好的个人卫生习惯对幼儿一生的健康都有着至关重要的影响，盥洗环节是培养幼儿良好个人卫生习惯的最佳途径之一。这就要求班级各岗位教师不但要掌握幼儿园盥洗环节的内容、流程、常规要求、注意事项及环境创设，而且还要具备根据不同幼儿的特点制定有效指导策略的能力。同时，由于盥洗环节幼儿做事情的速度不同而导致他们相对比较分散地分布在卫生间、盥洗室、活动室等空间，这就要求班级各岗位教师还要具备一定的团队协作能力 | （九）一日生活的组织与保育<br>40.合理安排和组织一日生活的各个环节，将教育灵活地渗透到一日生活中。<br>41.科学照料幼儿日常生活，指导和协助保育员做好班级常规保育和卫生工作。<br>42.充分利用各种教育契机，对幼儿进行随机教育。<br>43.有效保护幼儿，及时处理幼儿的常见事故，危险情况时优先救护幼儿 |

## 二、知识点与技能点

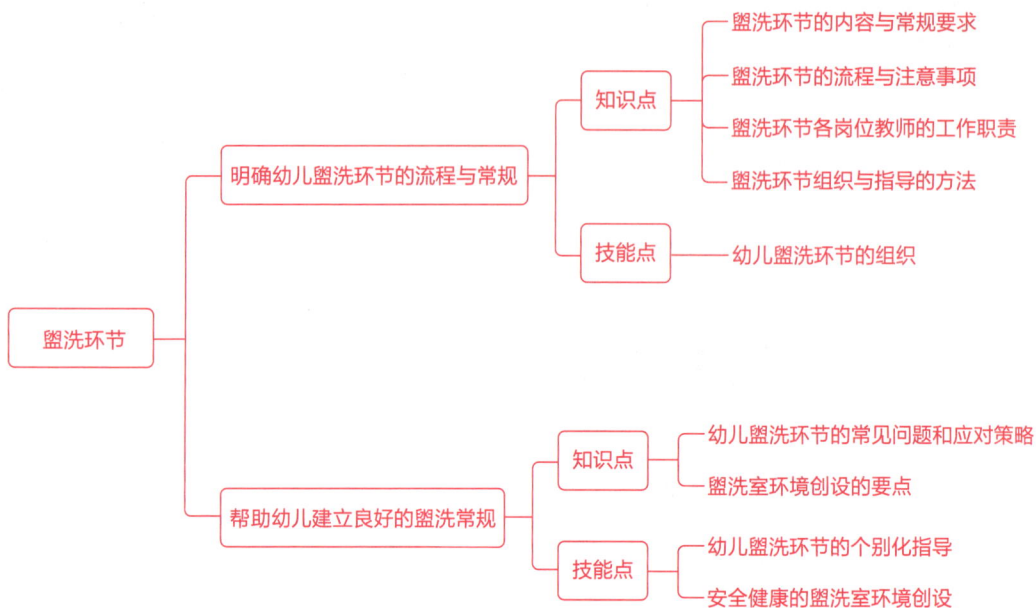

```
盥洗环节 ─┬─ 明确幼儿盥洗环节的流程与常规 ─┬─ 知识点 ─┬─ 盥洗环节的内容与常规要求
         │                              │          ├─ 盥洗环节的流程与注意事项
         │                              │          ├─ 盥洗环节各岗位教师的工作职责
         │                              │          └─ 盥洗环节组织与指导的方法
         │                              └─ 技能点 ─── 幼儿盥洗环节的组织
         │
         └─ 帮助幼儿建立良好的盥洗常规 ─┬─ 知识点 ─┬─ 幼儿盥洗环节的常见问题和应对策略
                                        │          └─ 盥洗室环境创设的要点
                                        └─ 技能点 ─┬─ 幼儿盥洗环节的个别化指导
                                                   └─ 安全健康的盥洗室环境创设
```

### 思政目标

    1.通过幼儿盥洗环节的学习，帮助学生树立对幼儿卫生的正确意识，重视幼儿卫生习惯的养成。

    2.结合幼儿盥洗环节的组织与开展，引导学生建立与各岗位教师通力合作的意识，提升合作能力。

## 三、工作任务

### 任务一　明确幼儿盥洗环节的流程与常规

#### 1.任务描述

小一班的教室里，小朋友们刚结束了手工活动，有的小手上沾了一些颜料，有的小脸上弄脏了一点。主班李老师请配班王老师和保育员赵老师一起组织第一组的小朋友们进行盥洗，她自己留在教室里组织剩下的小朋友们进行手工物品的整理。在盥洗室门口，王老师说："需要去卫生间的小朋友跟着赵老师去卫生间，不需要去卫生间的小朋友跟着我直接排队洗手。"小朋友们按照王老师的要求分别如厕和盥洗。

（1）结合案例和《乐美说盥洗》，请你说一说案例中出现了盥洗环节的什么内容？盥洗环节还包括哪些内容？案例中班级各岗位教师在盥洗环节是如何分工的？（完成工作表单1）

（2）在盥洗环节各岗位教师的主要分工与职责有哪些？（完成工作表单2）

扫码观看数字教学资源《乐美说盥洗》，以小组为单位完成工作表单2。

本任务课件

乐美说盥洗

### 2.工作表单

工作表单1和工作表单2分别见表2-2和表2-3。

表2-2　工作表单1

| 工作表单1 | 案例分析 | 姓　名 | | 学　号 | |
|---|---|---|---|---|---|
| | | 评分人 | | 评　分 | |

1.结合案例和《乐美说盥洗》，请你说一说案例中出现了盥洗环节的哪些内容？

案例中出现的盥洗环节的内容是＿＿＿＿＿和＿＿＿＿＿，盥洗环节的内容还包括＿＿＿＿＿、

＿＿＿＿＿。

2.案例中班级各岗位教师在盥洗环节是如何分工的？

（1）主班李老师在＿＿＿＿＿组织一部分幼儿＿＿＿＿＿＿＿＿＿＿＿＿＿＿＿＿。
＿＿＿＿＿和＿＿＿＿＿组织一部分幼儿＿＿＿＿＿＿＿＿＿＿＿＿＿＿＿＿。

（2）配班王老师请＿＿＿＿＿＿＿＿＿＿＿跟着＿＿＿＿＿＿＿＿＿＿＿去卫生间；
＿＿＿＿＿＿＿＿＿＿＿跟着＿＿＿＿＿＿＿＿＿＿＿排队盥洗。

表2-3 工作表单2

| 工作表单2 | 盥洗环节各岗位教师的工作职责 | 姓 名 | | 学 号 | |
|---|---|---|---|---|---|
| | | 评分人 | | 评 分 | |

1.主班教师

（1）提醒、组织幼儿_____；

（2）做好过渡环节的组织，关注室内幼儿的_____与_____；

（3）做好集中活动的_____工作。

2.配班教师

（1）带领一部分幼儿到盥洗室洗手，指导幼儿进行盥洗，洗手前提醒幼儿_____；

（2）关注盥洗室幼儿，指导幼儿排队洗手、擦手，不_____，不_____；

（3）在盥洗室的教师必须等_____方可离开。

3.保育员

（1）备好手纸、_____、洗手液、香皂等生活用品；

（2）监控卫生间幼儿的秩序、安全；

（3）注意随时清理_____、_____、_____积水和香皂盒。

## 3.反思评价

（1）你觉得作为一名幼儿教师，应该如何组织幼儿进行盥洗呢？

（2）请你对自己在本次任务中的学习情况进行评价。

课堂活动参与度 ☆ ☆ ☆ ☆ ☆

小组活动贡献度 ☆ ☆ ☆ ☆ ☆

学习内容接受度 ☆ ☆ ☆ ☆ ☆

## 4.学习支持

幼儿在幼儿园的盥洗活动主要包括洗手、漱口、洗脸、梳头四个环节，在幼儿一日生活中各盥洗活动所占的时间各不相同。洗手是进行最频繁的一项活动，如幼儿饭前饭后、便前便后、活动前后等都需要将手清洗干净；漱口活动在幼儿每餐点后进行，一般每天要进行四次左右；洗脸和梳头活动一般在幼儿每天午睡起床后进行。每项盥洗活动对幼儿的常规要求也不尽相同。

1）盥洗环节各岗位教师的主要职责

①主班教师：主班教师组织一组幼儿进行室内活动，配合保育员和配班教师组织盥洗。

②配班教师：配班教师组织另一组幼儿进行盥洗，站在盥洗室指导幼儿盥洗，一组幼儿完成盥洗之后，再组织另一组幼儿进行盥洗。

③保育员：保育员站在活动室与盥洗室中间的位置，组织如厕的幼儿。如有个别幼儿未完成如厕或盥洗，由保育员负责指导。

2）盥洗各环节的常规要求

盥洗环节的整体要求：让幼儿懂得盥洗对身体健康的重要性，能积极参与盥洗活动；在充满趣味的活动中，引导幼儿轻松学习洗手、洗脸、漱口和梳头的正确方法，让幼儿感受盥洗的愉悦；培养幼儿养成良好的盥洗习惯，在成人的提示下能做到饭前便后洗手、餐后漱口、保持仪表整洁，见表2-4。

表2-4　盥洗环节的常规要求

| 盥洗环节 | 常规要求 |
| --- | --- |
| 洗手 | 学习用七步洗手法洗干净双手；洗手时不湿衣袖、不玩水、节约用水；知道洗手的好处；饭前、便后、手脏时能及时洗手，养成认真有序洗手的良好习惯 |
| 洗脸 | 学习用正确的方法洗脸；洗脸时不湿衣袖和衣襟、不玩水；知道起床后、脸脏时要及时洗脸 |
| 漱口 | 知道漱口能清洁口腔，喜欢漱口；会用鼓漱的方法漱口；餐后能坚持用正确的方法漱口 |
| 梳头 | 学习梳头的基本方法；梳头结束后，学习清洁梳子和地面；知道梳理头发前后要洗净双手；知道起床后、头发凌乱时要及时梳头 |

洗手是盥洗环节的重点，各个年龄段班级幼儿在洗手环节的常规要求如下。

（1）小班幼儿

①能在教师的提醒下排队洗手。

②洗手前由教师帮助将衣袖卷起。

③洗手时不玩水，学会擦香皂，洗好后用自己的毛巾擦手。

④学习正确的洗手方法。

（2）中班幼儿

①养成饭前便后洗手的好习惯。

②会自己卷衣袖，能在教师提示下正确洗手。

③洗手时自觉排队，不在盥洗室打闹。

（3）大班幼儿

①能自觉主动地在需要的时候洗手。

知识链接

洗手的好时机：

1. 吃东西前后；

2. 打喷嚏、咳嗽或者擦鼻涕之后；

3. 揉眼睛前后；

4. 挖鼻孔后；

5. 在外面玩耍或者和宠物玩过后；

6. 数过硬币后；

7. 哭泣后；

8. 大小便前后；

无论何时，只要手脏了就该洗一洗。

②掌握正确的洗手方法。

③懂得节约用水和如何使用香皂。

3）盥洗前的准备工作

①保育员要提前做好盥洗准备，提前备好幼儿需要的盥洗用品，保证盥洗室地面清洁。

②在盥洗室张贴七步洗手法示意图，引导幼儿参考示意图正确洗手。

③提供洗手液或者香皂。

④建议为每个幼儿配备两块小毛巾，不能混用，毛巾应当天用完当天消毒。教师用肥皂将毛巾清洗干净后，先使用专用消毒液浸泡，再置于阳光下暴晒。

⑤毛巾架、水杯架要有明显的幼儿标识，每个幼儿一个格子，置放自己当天使用的毛巾和水杯。

⑥利用卡通形象的图片布置盥洗室，让整个房间显得温暖、舒适。

4）洗手环节的管理要点

①洗手环节分为集体洗手及按需洗手。一般刚入园、饭前、喝水前、户外活动归来等环节，教师要组织幼儿集体洗手。

②教师应组织幼儿有序进入盥洗室，提醒幼儿卷好袖子（帮助有困难的幼儿卷好袖子）、节约用水，发现有打闹、嬉水等情况及时提醒。

③提醒幼儿按照正确的方法洗干净手和脸，天气干燥时提醒幼儿抹护肤霜。洗手顺序为"卷衣袖—湿手—挤洗手液（擦香皂）—搓手心、手背—冲洗—双手合掌甩水—打开毛巾擦干净"；洗脸顺序为"卷衣袖—拿毛巾湿水—拧掉水—把毛巾打开洗脸、手背、脖子—搓洗毛巾—拧掉水—挂回原来的地方"。

④借用区域活动指导盥洗，利用儿歌、故事等形式进行引导。

⑤家园共育，共同培养幼儿良好的盥洗习惯。

⑥发挥班级值日生的作用。

为了避免幼儿的消极等待，教师可以采用分组的方式组织幼儿洗手，第一组幼儿完成洗手超过一半时，再请第二组幼儿进行洗手。在洗手活动中，教师可以播放轻音乐，为幼儿营造一个轻松的氛围。

5）盥洗环节的常见问题和应对策略

（1）常见问题

①幼儿不会挽袖子。

②幼儿不会控制水流的大小。

③幼儿洗手方法不正确。

④幼儿洗手时不用洗手液或香皂。

⑤幼儿不认真洗手，洗手时打闹、玩耍。

（2）应对策略

①教师适当进行示范、帮助、提醒。

②教师可将洗手方法分解并多次向幼儿讲解和示范，还可与幼儿一起洗手，边说边做，让幼儿轻松地学习正确的洗手方法。

③教师可以准备形状、颜色不同的香皂激发幼儿洗手的兴趣。香皂放置要避免二次污染，装香皂的器具也要定期消毒。

④教师可以引导幼儿自己制定洗手规则。

⑤教师可以引导幼儿学习自我管理和互相提醒。

**聚焦职场**

　　开学不久，小成老师就遇到了难题。每次洗手时，总会有小朋友把衣服弄湿，还有一些小朋友喜欢在水池里接满水，把小手泡在水池里玩，甚至有几个小男生会在盥洗室打水仗。每次洗完手，盥洗室都是一片狼藉。怎么让小朋友认真洗手，这很是让小成老师头疼。

　　如果你是小成老师，你会如何解决这些问题呢？怎样避免幼儿洗手时把衣服弄湿？怎样避免男孩在盥洗室打闹呢？

　　案例中的小成老师通过向魏老师请教，采取了以下方法：首先，编写了朗朗上口的《快乐洗手歌》，边唱儿歌边给小朋友示范洗手的动作。小朋友们看见小成老师的动作很有趣，也开始跟着模仿：手心搓手心，手心搓手背，手指轻轻抓手心，五指张开洗干净……其次，小成老师将洗手步骤拍成照片，做成直观的洗手流程图，贴在洗手池上方。最后，小成老师设计了"洗手好宝宝"家庭记录表，请家长和幼儿共同用标记（★、☆、△）记录孩子周一至周日在家洗手的情况，及时表扬有进步的幼儿。

### 📌 任务二　帮助幼儿建立良好的盥洗常规

#### 1.任务描述

本任务课件

小一班配班王老师带领一组幼儿在盥洗室洗手，看到一些幼儿不太会用七步洗手法洗手，王老师就提醒说："小朋友们看着盥洗室镜子上的图片，按照七步洗手法正确洗手哦，这样小手才能洗得白白的！"可是琪琪只顾玩水、玩泡泡，她还把水洒到了地上。看到这个情况，王老师轻轻地走近琪琪，唱起了之前教过小朋友们的七步洗手法儿歌。琪琪一边跟着王老师唱起了儿歌，一边按照歌词的提示进行正确洗手。琪琪洗完手一转身撞到了排在她后面的珠珠，两人差点都滑倒了，琪琪说是因为珠珠不会排队，站得距离与她太近了。

（1）结合案例，请你思考面对不会正确使用七步洗手法洗手的小朋友，王老师用了什么方法进行指导？七步洗手法的内容是什么？盥洗环节洗手流程是什么？（完成工作表单1）

（2）面对玩水、玩泡泡的琪琪，王老师使用了什么方法引导她？你觉得王老师还可以从哪些方面对琪琪进行盥洗环节的引导和教育？（完成工作表单2）

（3）结合案例，请你说一说小一班盥洗室的环境创设体现在哪些方面？你觉得小一班的盥洗室在安全方面存在哪些问题？应该怎么调整呢？（完成工作表单3）

## 2.工作表单

工作表单1~工作表单3分别见表2-5~表2-7。

表2-5　工作表单1

| 工作表单1 | 盥洗环节的指导方法 | 姓　名 | | 学　号 | |
| --- | --- | --- | --- | --- | --- |
| | | 评分人 | | 评　分 | |

1.结合案例说一说，面对不会正确使用七步洗手法洗手的小朋友，王老师用了什么方法进行指导？七步洗手法的内容是什么？

王老师指导不会用七步洗手法洗手的小朋友可以看着＿＿＿＿＿＿＿＿＿。

七步洗手法的步骤分别是：

（1）手心相对搓一搓；（2）＿＿＿＿＿＿＿＿＿；

（3）手指中缝相交叉；（4）＿＿＿＿＿＿＿＿＿；

（5）＿＿＿＿＿＿＿；（6）＿＿＿＿＿＿＿＿＿；

（7）手腕手腕转一转 。

2.盥洗环节洗手的流程是什么？

一般情况下，盥洗环节洗手的流程是：

（1）挽起小袖子；（2）＿＿＿＿＿＿＿＿＿＿；

（3）清水冲一冲；（4）＿＿＿＿＿＿＿＿＿＿；

（5）搓搓小小手；（6）＿＿＿＿＿＿＿＿＿＿；

（7）小手甩一甩；（8）＿＿＿＿＿＿＿＿＿＿。

表2-6 工作表单2

| 工作表单2 | 盥洗室的个别指导方法 | 姓 名 | | 学 号 | |
|---|---|---|---|---|---|
| | | 评分人 | | 评 分 | |

1.面对玩水、玩泡泡的琪琪，王老师使用了什么方法引导她？

王老师使用了＿＿＿＿＿＿＿＿＿＿＿＿指导玩水、玩泡泡的琪琪。

2.你觉得王老师还可以从哪些方面对琪琪进行盥洗环节的引导和教育？

我觉得王老师还可以从＿＿＿＿＿＿＿＿和＿＿＿＿＿＿＿＿方面对琪琪进行盥洗环节的引导和教育。

比如：＿＿＿＿＿＿＿＿＿＿＿＿＿＿＿＿＿＿＿＿＿＿＿＿＿＿＿＿

＿＿＿＿＿＿＿＿＿＿＿＿＿＿＿＿＿＿＿＿＿＿＿＿＿＿＿＿＿＿＿＿＿＿

＿＿＿＿＿＿＿＿＿＿＿＿＿＿＿＿＿＿＿＿＿＿＿＿＿＿＿＿＿＿＿＿＿＿

＿＿＿＿＿＿＿＿＿＿＿＿＿＿＿＿＿＿＿＿＿＿＿＿＿＿＿＿＿＿＿＿＿＿

＿＿＿＿＿＿＿＿＿＿＿＿＿＿＿＿＿＿＿＿＿＿＿＿＿＿＿＿＿＿＿＿。

表2-7　工作表单3

| 工作表单3 | 盥洗室的环境创设问题 | 姓　名 | | 学　号 | |
|---|---|---|---|---|---|
| | | 评分人 | | 评　分 | |

1.结合案例，请你说一说小一班盥洗室的环境创设体现在哪些方面？盥洗室的环境创设还包括什么？

（1）小一班盥洗室的环境创设体现在镜子上贴有＿＿＿＿＿＿＿＿＿＿＿＿＿＿＿＿。

（2）盥洗室的环境创设还包括排队标识、＿＿＿＿＿＿＿＿＿＿＿＿＿＿＿＿。

2.结合案例，你觉得小一班的盥洗室在安全方面存在哪些问题？应该怎么调整呢？

（1）我觉得小一班的盥洗室在安全方面存在的第一个问题是＿＿＿＿＿＿＿＿＿，我觉得应该＿＿＿＿＿＿＿＿＿＿＿＿＿＿＿＿＿＿。

（2）我觉得小一班的盥洗室在安全方面存在的第二个问题是＿＿＿＿＿＿＿＿＿，我觉得应该＿＿＿＿＿＿＿＿＿＿＿＿＿＿＿＿＿。

### 3.反思评价

（1）当幼儿在盥洗环节出现打闹现象时，作为幼儿教师，应该如何处理呢？

_____

_____

_____

（2）请你对自己在本次任务中的学习情况进行评价。

课堂活动参与度　☆　☆　☆　☆　☆

小组活动贡献度　☆　☆　☆　☆　☆

学习内容接受度　☆　☆　☆　☆　☆

### 4.学习支持

1）洗手环节的指导要点

（1）托小班

组织幼儿积极参与洗手活动，指导他们根据盥洗室的空间大小，合理分组，有序洗手；帮助或指导幼儿掌握洗手前的准备，防止溅湿衣袖；指导幼儿学会调整水龙头的位置，保持水流柔和；参与幼儿的洗手活动，增强幼儿洗手活动的趣味性；密切关注每个幼儿的洗手过程，给予幼儿动作示范和语言提示；帮助幼儿用正确的方法擦干双手，及时擦干地面上的水；及时鼓励幼儿在洗手过程中的良好表现；指导幼儿在进餐前后、便前便后、活动后、手脏时，洗干净双手。

（2）中大班

教育幼儿懂得洗手对身体的好处，饭前便后、活动后、手脏时主动洗手；提醒幼儿分组进行洗手活动，保持盥洗室内安静有序；提醒幼儿用七步洗手法正确洗手，给予幼儿及时的指导；教育幼儿节约用水，防止溅湿地板而滑倒摔伤；关注幼儿的洗手过程，及时鼓励幼儿在洗手过程中的进步表现，促进幼儿良好洗手习惯的养成。

七步洗手法儿歌

自来水，清又清，洗洗小手讲卫生。

饭前便后要洗手，细菌不会跟着走。

手心相对搓一搓，手背相靠蹭一蹭，

手指中缝相交叉，指尖、指尖转一转；

握成拳，搓一搓，手指手指别忘掉，

手腕、手腕转一转，做个整洁好宝宝。

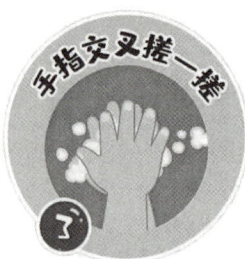

2）洗脸环节的指导要点

（1）托小班

鼓励幼儿在老师的帮助下洗脸，引导幼儿知道起床后、脸脏时要把脸洗干净，保证仪表整洁；引导幼儿洗完脸后照镜子，感受洗脸后的干净清爽；帮助幼儿在脸上涂抹护肤霜。

（2）中大班

午睡起床后，组织幼儿分组，安静有序地到盥洗室进行洗脸；指导幼儿依次把嘴巴、鼻子、额头、脸颊、耳朵、脖子洗干净；关注幼儿的洗脸过程，指导幼儿洗完脸后，将水迹擦干，涂抹适量护肤霜；引导幼儿懂得起床后、脸脏时要及时把脸洗干净，帮助幼儿养成良好的洗脸习惯。

3）洗漱环节的指导要点

（1）托小班

组织并指导幼儿餐后科学漱口，提醒幼儿漱完口后将口杯放回原处并摆放整齐；关注每个幼儿的漱口情况，及时给予个别指导，帮助幼儿养成良好的漱口习惯。

（2）中大班

教育幼儿懂得漱口可以清洁口腔、保护牙齿，鼓励幼儿坚持餐后漱口；引导幼儿餐后自己接水，安静有序地漱口；关注幼儿的漱口过程，提醒幼儿按照鼓漱法正确漱口；及时鼓励幼儿的进步表现，帮助幼儿养成良好的漱口习惯。

4）梳头环节的指导要点

（1）托小班

引导幼儿认识梳子和镜子，指导幼儿学习正确握梳子的方法；起床后帮助幼儿把头发梳理整齐，鼓励生活自理能力强的幼儿尝试自己梳头；引导幼儿梳头后在镜子前照一照，欣赏整齐漂亮的头发；梳头结束后，将掉落在肩部、地上及残留在梳子上的头发放进垃圾桶，并把梳子刷洗干净。

（2）中大班

午睡洗脸后，帮助或指导幼儿使用梳子梳头；指导幼儿学习梳头发的正确方法，鼓励短发幼儿尝试梳理头发，并给予积极鼓励和表扬；帮助长发幼儿梳头，并请幼儿欣赏梳理后的整齐发型；指导幼儿将掉落在肩部、地上及残留在梳子上的头发放进垃圾桶，将梳子放回原处；提醒幼儿及时整理，保持仪表整洁，并定期对梳子进行清洗和消毒。

### 聚焦职场

　　最近，有家长反映孩子的手腕皴了，王老师决定观察一下都有哪些原因引发了这种情况。到了洗手的环节，王老师发现斗斗小朋友挤完洗手液搓出泡泡，随意冲了两下就去擦手了；多数小朋友洗完手后没有在池子里甩掉多余的水分；还有小朋友洗手后扬起手臂，手上的水流进了袖口里；也有小朋友擦手时没有将毛巾展开，随意擦了两下，擦完后手还是湿乎乎的。

　　针对这种情况，王老师将不按照常规洗手的小朋友都记录在自己的观察本上，每天有针对性地提醒和指导这些幼儿，还为他们唱洗手儿歌，时间长了，这些孩子能按照儿歌的内容去洗手了。除此之外，王老师还特意为孩子们更换了一个非常可爱的卡通造型的擦手油瓶，孩子们非常喜欢，都争着去擦手油，孩子们手皴的现象渐渐消失了。

　　5）盥洗室的环境创设

　　作为幼儿教师，我们有责任和义务为幼儿创设符合他们需要的、促进他们发展的生活环境。在幼儿园盥洗室环境创设中，我们除了要考虑安全、卫生方面的问题，也要适当地为幼儿保留一些相对真实的生活空间，也就是让幼儿运用自己的能力去面对和适应自然的真实生活场景。

　　（1）营造清新舒适的氛围

　　盥洗室内的各类设施、物品及墙面、地面的色调应协调一致，有美感、有品质，可在适宜的位置摆放小型的绿色植物进行点缀。

　　（2）毛巾挂钩高度适宜、间距合理

　　毛巾挂钩设置要靠近洗手池，其高度应根据幼儿的身高来设定，但不宜过高。毛巾挂钩的间距要保证毛巾之间不会互相碰叠，以预防交叉污染。如果采用毛巾架，最低一行距地0.5~0.6米，最高一行距地不大于1.2米。

　　（3）因地制宜设计收纳空间

　　设计盥洗室时要因地制宜，充分利用洗手池下方、盥洗室墙壁等位置，设置橱柜、吊柜，以满足分类收纳、安全存放的需求。

　　（4）地面防滑设计

　　盥洗室的地面常有水渍，应采用防滑的材料铺设，必要时在洗手池、饮水机、盥洗室门口等位置放置防滑垫，以确保幼儿的安全。

　　（5）教育提示功能标识的利用

　　教师为了盥洗室的美观和幼儿的需要可以在墙面、地面等地方粘贴一些图片、地贴来提示幼儿在盥洗环节的一些注意事项。

1.袖口挽高

2.把手冲湿

3.抹点香皂

4.搓出泡沫

5.冲洗泡沫

6.擦干小手

洗手流程儿歌

清清的水，哗啦啦，

卷起袖子洗手啦，

先洗小手心，再洗小手背，

十指头都要洗，最后甩三下。

另外，教师应该坦然面对盥洗室内发生的各种状况，减少花哨不实用的环境布置，在进行幼儿园盥洗室环境创设的过程中，不能盲目追求幼儿生活设施和盥洗用品的高品质及对幼儿"无微不至"的照料。在保证安全、卫生的前提下，避免过度照料、过度保护，支持幼儿自己解决问题，发现自己的生活需求，并且能积极利用环境满足自身需求来适应环境，这样幼儿才能获得真正意义上的成长。

6）盥洗环节的安全隐患

①一些盥洗室的空间有限，无法同时容纳所有幼儿，如果大家蜂拥而入，很容易发生肢体的碰撞和挤压。

②一些幼儿在等待时缺乏耐心，喜欢催促正在洗手的幼儿，也可能会引发伙伴间的争执和冲突。

③幼儿边洗边玩，很容易把洗手液弄到眼睛里或把水弄到身上。

④幼儿洗手之后不在水池内甩手，可能造成地面积水，稍有不慎就会滑倒或摔伤。

7）盥洗环节安全管理要点

①教师首先要考虑盥洗室能否同时容纳所有幼儿，如条件限制可以分批进行，勿使幼儿洗手时太过拥挤，妨碍彼此的动作。

②教育幼儿学会耐心等待、有序盥洗。

③教育幼儿洗手时要卷好袖口，不玩水或洗手液以防止滑倒，洗完之后要及时擦干，防止衣服溅湿导致幼儿着凉。

④及时清洁卫生间，用拖把拖干卫生间的地面，保持干爽，防止幼儿滑倒。另外，要注意保持卫生间干净、无垢、无味。

**典型案例**

言言小朋友现在上幼儿园时已经不哭闹了，可是每天漱口却是一件为难的事。每当老师说："言言，拿杯子漱口。"他总是着急地把水倒掉。林老师说："漱口可以帮助小朋友保护牙齿和口腔，把嘴巴里的小细菌都冲跑。"言言扭头要走，林老师拿着自己的杯子喝了一口水，然后发出了"咕噜咕噜"的声音，言言停住了。于是林老师开始唱起了儿歌："小杯子，手中拿；清清水，喝一口；仰仰脖，摇摇头；咕噜咕噜吐出水，细菌冲跑了。"

听到儿歌，言言又回来了："老师，我也要水。"言言学着老师的样子漱口，可是他却不会"咕噜咕噜"，他说："老师，你咕噜咕噜。"林老师"咕噜咕噜"了几遍，言言笑着说："真好玩，可是我怎么不会呀！"

林老师告诉他，"咕噜咕噜"的时候嘴巴要闭起来，然后让水在嘴巴里来回打滚，就会发出"咕噜咕噜"的声音了。言言照着林老师的样子又学了一遍，这次"咕噜咕噜"的声音虽然有点小，但方法是正确的。他又要了一点水，这回他"咕噜"的声音大一些了。言言终于高兴地拿着小杯子走出了盥洗室，他还告诉其他老师和小朋友："我会咕噜咕噜了，你会吗？"

## 四、课证融通

幼儿园教师资格考试"保教知识与能力"科目关于本模块内容的考查及例题见表2-8，需要着重学习和思考。

表2-8 幼儿园教师资格考试"保教知识与能力"科目关于本模块内容的考查及例题

| 幼儿园教师资格考试"保教知识与能力"科目 |
| --- |
| 考试目标：掌握幼儿生活指导的基础知识与能力；掌握幼儿园一日生活和幼儿卫生、保健、营养、安全等方面的基本知识，并在实践中应用。<br>考试内容与要求：<br>1.熟悉幼儿园一日生活的主要环节，理解一日生活的教育意义。<br>2.了解幼儿生活常规教育的要求与培养幼儿良好生活、卫生习惯的方法。<br>题型：单项选择题、材料分析题、论述题等。 |
| 例题：2019年（下）教师资格证考试"综合素质"科目的考题。<br>单选题：<br>为帮助幼儿掌握正确的洗手顺序和方法，王老师自编儿歌："清清水，哗啦啦，卷卷袖子洗手啦，先洗小手心，再搓小手背，十个手指都洗到，人人夸我讲卫生。"他还引导幼儿边唱边练。下列说法，与该教师做法无关的是（　　）。<br>A.注重幼儿知识积累<br>B.注重幼儿气质养成<br>C.注重幼儿情境体验<br>D.注重幼儿习惯养成 |

## 五、阅读思享

推荐阅读：

宋文霞：《幼儿园一日生活环节的组织策略》，中国轻工业出版社，2014年出版。

推荐理由：

幼儿园的盥洗环节在幼儿的一日生活当中出现次数较多，而且每次盥洗所连接的活动也不尽相同。班级各岗位教师一定要把握前后衔接内容的合理性，组织盥洗环节时应多注意观察每个幼儿的不同特点，有针对性地制定有效的指导策略，帮助幼儿培养良好的盥洗习惯。

# 模块三  进餐环节

## 一、岗位能力模型

进餐环节岗位能力模型见表3-1。

表3-1　进餐环节岗位能力模型

| 模块 | 岗位能力描述 | 《幼儿园工作规程》 |
|---|---|---|
| 进餐环节 | 进餐环节是幼儿树立营养意识、培养良好饮食习惯和卫生习惯，掌握生活自理技能的好时机。教师需具备相应的岗位能力才能挖掘和实现进餐环节的教育价值。因此，班级各岗位教师需要掌握进餐环节的流程、常规要求及一定的营养学知识，还要能够根据班级幼儿个体情况而采取不同的进餐指导方法。由于幼儿进餐速度不一致，班级幼儿在此环节前后会比较分散，所以要求各岗位教师要具有较强的责任心和团队合作意识，避免出现安全问题 | 第一章　总则<br>第五条　幼儿园保育和教育的主要目标是：<br>（一）促进幼儿身体正常发育和机能的协调发展，增强体质，促进心理健康，培养良好的生活习惯、卫生习惯和参加体育活动的兴趣。<br>……<br>第四章 幼儿园的卫生保健<br>第二十一条　供给膳食的幼儿园应当为幼儿提供安全卫生的食品，编制营养平衡的幼儿食谱，定期计算和分析幼儿的进食量和营养素摄取量，保证幼儿合理膳食。<br>幼儿园应当每周向家长公示幼儿食谱，并按照相关规定进行食品留样。<br>第二十二条　幼儿园应当配备必要的设备设施，及时为幼儿提供安全卫生的饮用水 |

# 二、知识点与技能点

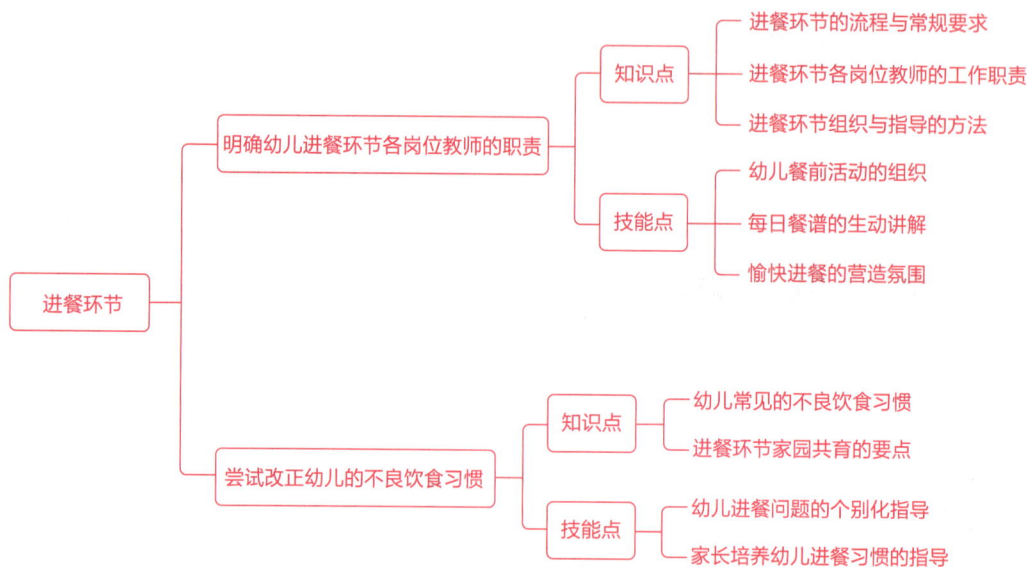

```
                                                    ┌─ 进餐环节的流程与常规要求
                                        ┌─ 知识点 ──┼─ 进餐环节各岗位教师的工作职责
                                        │          └─ 进餐环节组织与指导的方法
            ┌─ 明确幼儿进餐环节各岗位教师的职责 ─┤
            │                           │          ┌─ 幼儿餐前活动的组织
            │                           └─ 技能点 ──┼─ 每日餐谱的生动讲解
  进餐环节 ──┤                                      └─ 愉快进餐的营造氛围
            │                           ┌─ 知识点 ──┬─ 幼儿常见的不良饮食习惯
            │                           │          └─ 进餐环节家园共育的要点
            └─ 尝试改正幼儿的不良饮食习惯 ─┤
                                        └─ 技能点 ──┬─ 幼儿进餐问题的个别化指导
                                                    └─ 家长培养幼儿进餐习惯的指导
```

## 思政目标

1.通过幼儿进餐环节的学习，帮助学生明确幼儿进餐环节的教师职责与分工，重视良好进餐环境的营造。

2.结合幼儿进餐环节的组织与开展，引导学生有爱心、有耐心地指导幼儿进餐，树立正确的教育观。

## 三、工作任务

### ✦ 任务一　明确幼儿进餐环节各岗位教师的职责

#### 1.任务描述

中三班的盥洗室里，主班杨老师正在组织一部分小朋友进行盥洗。在教室里，配班张老师和保育员刘老师正在组织洗完手的小朋友们排队取餐，刘老师告诉小朋友们，取完餐后沿着教室地面上贴的路线回座位。所有小朋友取完餐之后，张老师为小朋友们生动地介绍了今天的食谱，她还提醒小朋友们吃饭时要细嚼慢咽，然后小朋友们就听着悠扬的钢琴曲美美地吃起了午餐。过了20多分钟，小朋友们陆续进餐结束，他们依次把自己用过的餐具送到指定的餐具回收处，刘老师忙着整理小朋友们送回来的餐具和清洁地面，张老师带领进餐结束的小朋友去盥洗。

（1）结合案例和《乐美说进餐》，请你整理出中三班进餐环节的流程和常规要求。（完成工作表单1）

（2）结合案例和《乐美说进餐》，请你说一说在进餐环节，班级各岗位教师的主要工作内容有哪些呢？（完成工作表单2）

扫码观看数字教学资源《乐美说进餐》，结合案例以小组为单位完成工作表单。

本任务课件

乐美说进餐

## 2.工作表单

工作表单1和工作表单2分别见表3-2和表3-3。

表3-2　工作表单1

| 工作表单1 | 进餐环节的流程和常规要求 | 姓　名 | | 学　号 | |
|---|---|---|---|---|---|
| | | 评分人 | | 评　分 | |

1.结合案例和《乐美说进餐》，请你整理出中三班进餐环节的流程和常规要求。

（1）_____：阅读绘本《_____》。

（2）_____盥洗：_____。

（3）自主取餐：引导幼儿_____取餐，_____回座位。

（4）介绍餐谱：_____生动地介绍餐谱。

（5）_____进餐：幼儿应该_____。

2.你觉得餐后都有哪些流程和常规要求？

（1）整理桌面：_____。

（2）_____：将自己的餐具分类送到_____。

（3）餐后_____：洗手、_____、_____。

表3-3　工作表单2

| 工作表单2 | 进餐环节各岗位教师的主要职责 | 姓　名 | | 学　号 | |
|---|---|---|---|---|---|
| | | 评分人 | | 评　分 | |

1.结合案例和《乐美说进餐》，请你说一说在进餐环节，班级各岗位教师的主要工作内容和职责是什么。

（1）主班杨老师在进餐环节承担了＿＿＿＿＿＿＿＿＿＿和＿＿＿＿＿＿＿＿＿＿。

（2）配班张老师在进餐环节承担了＿＿＿＿＿＿＿＿＿＿和＿＿＿＿＿＿＿＿＿＿。

（3）保育员刘老师在进餐环节承担了＿＿＿＿＿＿＿＿＿＿和＿＿＿＿＿＿＿＿＿＿。

2.在进餐后，你觉得各岗位教师的主要工作内容都有哪些呢？

（1）主班杨老师在进餐后会承担＿＿＿＿＿＿＿＿＿＿和＿＿＿＿＿＿＿＿＿＿。

（2）配班张老师在进餐后会承担＿＿＿＿＿＿＿＿＿＿和＿＿＿＿＿＿＿＿＿＿。

（3）保育员刘老师在进餐后会承担＿＿＿＿＿＿＿＿＿＿和＿＿＿＿＿＿＿＿＿＿。

### 3.反思评价

（1）作为即将成为一名幼儿教师的你，面对如此细致入微的工作，你准备好了吗？你有哪些想法呢？

（2）请你对自己在本次任务中的学习情况进行评价。

> 课堂活动参与度　☆　☆　☆　☆　☆
>
> 小组活动贡献度　☆　☆　☆　☆　☆
>
> 学习内容接受度　☆　☆　☆　☆　☆

### 4.学习支持

1）幼儿进餐环节的流程和各岗位教师的工作职责

（1）餐前准备

保育员对餐桌进行消毒，教师指导值日生摆放餐具。

（2）餐前活动

①主班教师组织幼儿进行餐前活动，可以是唱儿歌、安静地游戏、谈话等。

②保育员将饭菜取回后在教室开始准备分餐。

③配班教师组织一部分幼儿盥洗。

讲解餐谱：配班教师通过对餐谱的生动讲解激发幼儿对食物的喜爱和进餐兴趣。

（3）取餐与进餐

①班级教师指导幼儿排队取餐。

②班级各岗位教师观察幼儿的进餐速度、食量，引导幼儿细嚼慢咽，保持安静。

③班级各岗位教师要及时为幼儿添饭，不催食，对自主能力差的幼儿进行帮助，

指导幼儿坐姿和使用餐具的方法。

④对出现食欲不振、精神不好或呕吐、撒饭等情况的幼儿做好照护和帮助。

（4）餐后整理

①主班教师指导用餐结束的幼儿送回餐具并分类放在指定的位置。

②配班教师跟随幼儿，指导幼儿用杯子接饮用水漱口、擦嘴、洗手、搬椅子。

③保育员在幼儿结束用餐后，整理桌面、打扫地面、洗餐巾、送餐具。

2）进餐环节幼儿的常规要求

①进餐前：认真排队进行盥洗，不打闹，不玩水；中、大班值日生检查幼儿洗手情况，指导幼儿卷袖子、擦手等；幼儿认真倾听教师讲解菜谱。

②进餐中：自觉排队取餐，学会耐心等待；幼儿能独立进餐，正确使用餐具；细嚼慢咽，控制好进餐速度并且食量适当；不偏食、不挑食，荤素搭配。

③进餐后：整理桌面，放好椅子，将餐具放到指定的位置；餐后自觉整理桌面、擦嘴、洗手、漱口。

3）进餐前的心理及活动准备

幼儿进餐是一种生理与心理的复杂过程。幼儿进餐应在保证每日营养供给的同时，在快乐中进行。良好的进餐心理环境是一种"精神营养"，是幼儿健康成长的催化剂。

（1）心理因素对进餐的影响

心理因素（如精神状态和情绪）能影响进餐行为。为调动幼儿进餐的积极性和主动性，达到愉快进餐的心理状态，应在幼儿安静下来后，先向幼儿介绍桌子上色香味美的各种菜肴，与幼儿一起说出食物的名称后再为幼儿分发菜肴，让幼儿通过视觉上的直观感体会进餐的乐趣，从而令其专心用餐。对于饭量小的幼儿不宜一次性把饭盛得太满，鼓励他（她）吃完后再添一点，语调亲切的赞扬声会使幼儿从心理上更乐意接受。

（2）用音乐律动和手指游戏等方式组织幼儿盥洗

每餐前的盥洗是必不可少的程序，为避免拥挤，可先组织一组幼儿进行盥洗，其余的幼儿做律动。对盥洗回来的幼儿随时跟进，这样既照顾了幼儿间盥洗时间长短的差异，又可以监督他们，使其洗干净的手不会再次被污染。中间穿插的音乐律动可定时更换，还可以穿插手指游戏，以调动幼儿的积极性。幼儿学习得开心，教师组织得轻松，这样各个环节过渡不再是一个难题。

（3）开展餐前食谱播报活动，促进幼儿食欲

良好的进餐环境有利于促进幼儿消化腺的分泌，激发他们的食欲，这对幼儿身体的健康发展会产生好的影响，同时还会让幼儿体验到集体生活的快乐，有利于幼儿积极适应社会。帮助幼儿调节情绪，让幼儿在良好和愉悦的情绪下进餐是餐前安静活动的主要目的。

主要的方法是开展餐前食谱播报活动，对于小班幼儿可以由教师讲解食谱，对于大班幼儿可以在教师和家长的帮助下进行食谱播报。这不仅让幼儿了解每种食物对自己身体生长的好处，还营造了幼儿想吃、乐吃、爱吃的心理氛围。当保育员把饭菜取回班上时，用饭菜的香味再次调动他们的食欲。

（4）餐前活动的注意事项

活动量的调整：餐前活动量放缓，确保幼儿情绪平稳，避免剧烈运动。此时，教师可引导幼儿观看食谱，激发进餐欲望。

情绪调整：餐前避免过于兴奋或压抑情绪，不要处理问题，不要使幼儿在哭泣中进餐。

洗手期间：教师尽可能地把握时间，让幼儿洗完手就自然进餐，无等待，不必统一进餐。此时可以播放一些优美、轻松的音乐，安抚幼儿的情绪。

**拓展阅读**

餐具的使用方法：幼儿能够自己吃饭是自理的一个标志，学会用筷子进餐更能促使幼儿手部肌肉得到锻炼，还能促进幼儿大脑的发育。训练幼儿使用餐具是一个循序渐进的过程，教师和家长要做好心理准备。

（1）筷子：用右手的拇指、食指、中指三个手指协调地拿筷子，这三个手指的动作练习也是幼儿学习握笔动作的预备阶段或练习。

（2）勺子：用左手或右手的拇指、食指、中指三个手指协调地拿勺子。

（3）碗：一般吃饭时用左手的手指托住碗。

幼儿不宜使用的三类餐具：

（1）彩色的餐具：彩色餐具上的图案所用的颜料对幼儿的身体是有危害的。例如，陶瓷器皿内侧绘图所采用的颜料主要是彩釉，而彩釉中含有大量的铅，酸性食物可以溶解彩釉中的铅，与食物同时进入幼儿体内。又如，涂漆的筷子，它不仅可以使铅溶解在食物当中，而且剥落的漆块可直接进入消化道。幼儿吸收铅的速度比成人快6倍，如果幼儿体内含铅量过高，会影响幼儿的智力发育。

（2）尖锐的餐具：幼儿的定位能力和平衡能力较差，使用锐利的餐具容易将口唇刺破。如果幼儿跌倒，还容易造成外伤。

（3）难以清洁的餐具：清洗塑料餐具时，油垢和细菌比较容易附着在上面，又不能进行高温消毒，因此塑料餐具不是幼儿的理想餐具。

4）进餐过程中的细节组织

（1）把握好幼儿进餐时间，掌握正确的进餐方法

专家指出，进餐时间过短或过长都会影响幼儿对营养素的合理摄取。若铁摄入量不足，会导致缺铁性贫血患病率增高。幼儿每次进餐所用时间在30~40分钟为宜。因此，班级教师和保育员针对吃饭过快的幼儿，应及时提醒其细嚼慢咽。对幼儿进餐环节中出现的边吃边玩、东张西望，把饭含在嘴巴里不肯咽下去，吃饭耗时长的幼儿，应进行具体分析并找出原因。教师可尝试用"进步星"或水果、点心奖励有进步的幼儿，或开展餐后活动（如玩具分享、自主游戏等）让幼儿逐步自觉调整用餐时间。一般小班幼儿用勺子进餐，中、大班幼儿用筷子进餐。对于小班幼儿，主要是教授进餐各环节的方法和要求，如先在椅子上坐端正，一手扶碗一手拿勺子，饭往嘴巴送时，要用碗接住掉下来的饭粒等。对于中、大班幼儿则是教授他们怎样正确使用筷子进餐。

（2）规范幼儿进餐姿势，确保进餐中的安全

在进餐过程中，总有令教师头疼的问题，那就是不安全因素。尽管幼儿是很有序地就餐，但仍免不了因进餐姿势（包括端碗动作等）引起的泼洒或碰撞等现象。教师可以分组对幼儿的进餐姿势进行统一规范，每组由组长带队，按固定的顺序进行，让每个幼儿都能很快明白应该坐在哪个位置、怎么坐。

（3）关注幼儿的进餐心理健康

在幼儿进食过程中，常常听到这样善意的提醒："好好吃，别说话。""不要把米粒撒落在桌子上。"……原本愉快进食的幼儿顿时严肃起来。因为在中国人的传统观念中，吃饭不说话是一种礼仪，所以幼儿必须遵守这种传统的礼仪，时刻提醒自己按要求吃饭。然而从生理特点来看，当人的情绪低落时，消化腺受到抑制，就没有了食欲。教师对进餐慢的幼儿催促，以及对规则的不时提醒，会使幼儿的神经处于紧张状态，影响食欲，引起幼儿情绪的波动，造成厌食、畏食。

5）良好就餐习惯的养成方法

养成良好的习惯是幼儿园生活教育的重要目标。在现代社会中，许多幼儿形成了吃饭挑剔、边吃边玩等不良饮食习惯。幼儿期是幼儿生长发育的关键期，摄取丰富的营养是健康成长的保证。

①故事引导、榜样示范法。利用幼儿喜欢听故事、喜欢受表扬的特点，用集体的氛围感染他们，为他们树立榜样。请吃饭干净利落、动手能力强的幼儿给大家做示范，让幼儿明白自己动手吃饭是件很容易的事情，从而让依赖性强的幼儿开始自己动手吃饭。

②座位调整、以快带慢法。以前，为了便于管理，老师把进餐慢的幼儿集中在一两张桌子上进餐，但效果不是很理想。后来，经过实践改变了方法，把他们同进餐快的幼儿混搭。这样，他们看到自己周围的小朋友吃得这么香，受到了感染和鼓舞，渐渐也吃得快、吃得香了。另外，利用幼儿不服输的个性，利用哪组表现更好就能得到更多奖励的方法，依靠集体的力量帮助他们养成良好的进餐习惯。

③逐渐加量、家庭配合法。有些幼儿不吃某种食物，要求他们快速改正是不太可能的。对这类幼儿，应采用逐渐加量的方法，从一点点开始，慢慢地适应，让他们不会产生厌恶。建议家长在家中也适当安排这类食物，他们不爱吃时可以少吃一点。

④以奖为主、正面强化法。对偏食、剩饭的幼儿，即使是一点点的进步，都要给予鼓励，发给他们一颗"进步星"等，调动幼儿的积极性，促使幼儿改正偏食、剩饭、撒饭的不良习惯。对于吃饭时边吃边玩、不讲卫生、饭粒掉满地的幼儿，教师可以当天不发给他们代表优秀的"进步星"等，也可剥夺他们最喜欢的活动机会一次，从而让他们约束自己。当他们稍有进步时，马上进行表扬，多奖励一颗"进步星"，让他们

更有信心地进餐。

进餐儿歌

小饭碗，扶扶好，

小勺子，拿拿牢。

一口一口自己吃，

吃得干净真正好。

吃饭时，坐端正，

右手拿勺子，

左手扶着碗。

细细嚼，慢慢咽，

不剩饭，不挑菜，

自己吃饭真能干。

右手拿勺，

左手扶碗，

两腿并并好，

身体往前靠，

一口饭，一口菜，

宝宝吃得好。

### ★ 任务二　尝试改正幼儿的不良饮食习惯

#### 1.任务描述

本任务课件

进餐环节，小朋友们一边听着悠扬的钢琴曲一边安静地吃午饭。这时候，只听见一声："老师，我要添肉肉！"原来是家琪，保育员刘老师走过去说："家琪，你看看你都多胖了，还好意思要添肉肉呢，不能给你肉肉了哈！"家琪委屈地快要哭了，生气地说："我不爱吃胡萝卜！奶奶说多吃肉才能长得结实，才不生病，小兔子才吃胡萝卜呢。"主班杨老师看到这个情形，走过去摸摸家琪的头，笑着对家琪说："家琪，你还记得刚才餐前活动的时候，杨老师带你们看的《我绝对绝对不吃番茄》的绘本吗？这个胡萝卜可不是普通的胡萝卜，说不定它也是从其他星球来的呢！你勇敢地尝试一下，好不好？"

（1）面对家琪的挑食行为，保育员刘老师和主班杨老师分别是怎样做的？你比较认同谁的做法呢？为什么？（完成工作表单1）

（2）作为一名幼儿教师，当遇到挑食的幼儿，我们该如何帮助其纠正不良的饮食习惯呢？（完成工作表单2）

## 2.工作表单

工作表单1和工作表单2分别见表3-4和表3-5。

表3-4　工作表单1

| 工作表单1 | 案例分析 | 姓　名 | | 学　号 | |
|---|---|---|---|---|---|
| | | 评分人 | | 评　分 | |

1.面对家琪的挑食行为，保育员刘老师和主班杨老师分别是怎样做的？

（1）保育员刘老师的做法是：语言上：＿＿＿＿＿＿＿＿＿＿＿＿＿＿＿，

行为上：＿＿＿＿＿＿＿＿＿＿＿＿＿＿＿＿＿＿＿＿＿＿＿＿＿。

（2）主班杨老师的做法是：语言上：＿＿＿＿＿＿＿＿＿＿＿＿＿，

行为上：＿＿＿＿＿＿＿＿＿＿＿＿＿＿＿＿＿＿＿＿＿＿＿＿＿。

2.你比较认同谁的做法？为什么？

我比较认同＿＿＿＿＿＿＿的做法，因为＿＿＿＿＿＿＿＿＿＿＿＿＿

＿＿＿＿＿＿＿＿＿＿＿＿＿＿＿＿＿＿＿＿＿＿＿＿＿＿＿＿＿＿＿。

表3-5  工作表单2

| 工作表单2 | 培养幼儿良好的饮食习惯 | 姓　名 | | 学　号 | |
|---|---|---|---|---|---|
| | | 评分人 | | 评　分 | |

作为一名幼儿教师，当我们遇到有不良饮食习惯的幼儿时，该如何引导呢？

（1）教师对幼儿角度：

教师用自己的态度积极引导。

①给食物＿＿＿＿＿＿＿＿＿＿＿＿＿＿＿＿＿＿＿＿。

②幼儿不爱吃的菜要＿＿＿＿＿＿＿＿＿＿＿＿＿＿。

③给幼儿有限的选择＿＿＿＿＿＿＿＿＿＿＿＿。

④向幼儿介绍＿＿＿＿＿＿＿＿＿＿＿＿＿，使其了解挑食影响身体健康。

⑤通过＿＿＿＿＿＿＿＿＿＿＿＿＿等文学作品，激发幼儿对食物的兴趣。

⑥发现他们的进步并＿＿＿＿＿＿＿＿＿＿＿＿。

（2）＿＿＿＿＿＿角度：

＿＿＿＿＿＿＿＿＿＿＿＿＿＿＿＿＿＿＿＿＿＿＿＿＿＿＿＿＿＿＿＿＿＿＿＿＿＿。

与家长沟通，建议家长不要过于迁就幼儿的食物偏好。

（3）园所角度：

改善烹调技术，注意品种和样式创新。

### 3.反思评价

（1）想一想，如果幼儿真的不喜欢吃某一种食物，我们是否一定要让幼儿不能挑食，必须吃下去呢？为什么？

_____

_____

_____

（2）请你对自己在本次任务中的学习情况进行评价。

　　课堂活动参与度　☆　☆　☆　☆　☆

　　小组活动贡献度　☆　☆　☆　☆　☆

　　学习内容接受度　☆　☆　☆　☆　☆

### 4.学习支持

1）幼儿挑食、偏食问题的解决方法

挑食是多数幼儿都有的现象，他们喜欢吃零食，只吃自己喜欢的食物，导致一些特殊营养成分的缺失，营养素失衡。幼儿进食量少，有可能引起体重不足、营养不均衡。还有些幼儿喜欢边吃饭边玩耍，甚至边吃饭边走动等，这些都是幼儿不良饮食习惯的具体表现。

随着社会经济的发展，生活条件的逐渐改善，家长们对幼儿饮食方面更是有求必应。可往往事与愿违，有些幼儿越"吃"越消瘦、越"吃"体质越差。幼儿的偏食现象已经非常普遍。医学辞典对偏食的定义是一种不良的进食习惯，而不是一种疾病。偏食也称挑食，或偏食症，是指幼儿对食物品种的偏好，对自己喜爱的食物毫无节制，而对自己不喜欢的食物一概拒绝。偏食对幼儿的生长发育极为不利。幼儿出现营养不良、维生素缺乏、贫血、肥胖等情况很大程度上都是由幼儿不良的饮食习惯而造成的，解决的方法有以下几个。

（1）少盛多添，逐渐加量

对于饭量小、吃饭慢的幼儿，可以采取少盛多添的方式，让幼儿在少量的食物中获得成就感，激发幼儿用餐的积极性和兴趣。在这个过程中逐渐加量，增加幼儿的饭量，并逐步提高幼儿的用餐速度。对于幼儿不喜欢的食物，教师可以将食物分成两份，一多，一少，鼓励幼儿进行选择，让其逐渐接受。

（2）同伴示范，榜样鼓励

教师以积极的态度影响幼儿，对于有不良饮食习惯的幼儿可以采取同伴示范、榜样鼓励的方法。模仿是幼儿期学习的主要方式，教师可以有针对性地选择班上具有良好饮食习惯的幼儿进行榜样示范，可以引导幼儿向不挑食、吃饭香、桌面干净的幼儿学习，及时发现他们的进步并进行表扬，同时可以通过评比活动来激发幼儿之间的正常竞争，培养幼儿良好的进食习惯。

（3）真实情境教育，激发幼儿兴趣

开展相关主题活动，向幼儿介绍每种食物的营养，使幼儿了解挑食会造成营养不良，影响身体健康。心理学研究表明，3~4岁幼儿往往以无意注意为主，注意力不稳定，并伴随情感变化，只有当幼儿对活动产生浓厚兴趣时，才会积极主动地参与活动。看电视是幼儿喜欢和感兴趣的事情，因此，我们可以将不良饮食行为和良好饮食行为拍摄下来，播放给幼儿看，让其进行观察、比较。通过讨论进行自我教育，使幼儿知道什么是良好的饮食习惯，什么是不良的饮食习惯，从而克服自己的不良饮食习惯。

（4）良好的饮食习惯与课程的整合渗透

良好饮食习惯的形成，具有耗时长且常反复的特点，可将健康知识、生活经验、良好饮食习惯、文明礼仪与教学活动及日常生活加以整合与渗透。例如，将健康知识、饮食习惯表现制作成多媒体动画，对幼儿进行教育；与儿歌整合渗透，通过《洗手歌》《进餐》《长成一个壮娃娃》等儿歌，培养幼儿良好的饮食习惯；通过绘本、谜语等文学作品，激发幼儿对食物的兴趣等。

（5）创设轻松愉快的进餐氛围

幼儿是否喜欢吃各类食物与其饮食习惯有关，与食物的色、香、味、形有关，与进食的环境有关，与成人的暗示有关，同时良好的餐前情绪，对激发幼儿食欲尤为重要。因此，每天进餐时，教师用神秘的表情、激情的语言介绍菜肴，使幼儿在教师的感染下，有强烈的用餐欲望，从而促进食物的消化和吸收。

（6）家园共育

要引导幼儿科学合理地饮食并保持良好的饮食习惯，家长的配合十分重要。首先，教师应帮助家长树立科学的膳食观，让家长深刻了解挑食、偏食的危害性，提高家长的主动性。其次，制定一套幼儿食物搭配方案给家长参考，希望家长配合幼儿园，统一要求幼儿，同时强调在家进餐要定时，饮食品种要多样化，即使是幼儿不敢吃、不愿意吃的东西，也要让他试着品尝食物的味道，定下用餐的时间，时间一到立刻收拾碗筷，让幼儿体会因偏食不吃饭而肚子饿的感受。最后，控制幼儿的零食量，尤其不要在饭前半小时内让幼儿吃零食。

2）通过家园共育培养幼儿良好的饮食习惯

《幼儿园教育指导纲要（试行）》中指出："家庭是幼儿园重要的合作伙伴。应本着尊重、平等、合作的原则，争取家长的理解、支持和主动参与，并积极支持、帮助家长提高教育能力。"而幼儿家长工作的出发点就在于充分利用家长资源，实现家园共育。

家庭进餐习惯会潜移默化地影响幼儿进餐习惯的养成。因此，家长要学会利用家庭中特有的教育时机，坚持不懈地对幼儿进行良好进餐习惯的培养。

①日常生活中，家长可以邀请幼儿一起做饭，让幼儿做一些力所能及的事情，如可以让幼儿帮忙拿菜、摆碗筷等，让幼儿有参与感和成就感。

②在吃饭前，家长可以采用夸张或好玩的方式积极地向幼儿介绍饭菜，激发幼儿对进餐的兴趣。

③家长一定不要在幼儿的面前讨论某种食物不好吃，以免造成幼儿对食物的偏见，基本上所有幼儿都会认为爸爸妈妈觉得不好吃的东西一定不好吃。

④家长可以和幼儿一起把水果、蔬菜做成各种造型，然后利用这些造型编一些小故事，让幼儿从情感上接受并喜爱食物。

⑤家长还可以改变食物的形状，如把幼儿不爱吃的青菜剁碎做成各种馅类食物，做成包子或者饺子等。

⑥大多数家长会购买很多零食存放在家中，这样就会出现幼儿零食不离手的情况，造成幼儿没有饥饿感。幼儿园应该积极取得家长的配合，采用零食节制法，对幼儿吃零食的量、次数有所限制。

⑦家长在保证安全的条件下，可以让幼儿自己盛饭。幼儿对盛饭、添饭很感兴趣，每添一次都会很自豪，自信心会大大提高。一次性给幼儿盛太多的饭会让幼儿有压力，幼儿会担心因为吃不完或吃得慢而受到责备。良好的饮食习惯和进餐习惯不是一朝一夕就能养成的，它是一个循序渐进的过程。这就要求幼儿园、家庭、社会共同努力为幼儿创造一个良好的氛围，让幼儿在潜移默化中逐步养成良好的饮食习惯和进餐习惯，从而拥有一个健康的体魄。

### 小妙招

幼儿对不熟悉的食物会产生抵触心理，教师可以给饭菜取一个有趣的名字，激发幼儿的食欲。幼儿不爱吃的菜要先盛、少盛，如告诉幼儿"谁先把菠菜吃完，小鱼就会先'游'到谁的小碗里去"，逐步纠正幼儿偏食的现象。

### 聚焦职场

幼儿园教室门口，强强妈妈对孟老师说："唉，这孩子怎么办啊？吃饭太成问题了。昨天晚饭强强又把蔬菜拨到一边'数米粒'。我跟他许诺说只要吃完饭，就奖励他和晨晨玩，还给他们买巧克力……吃了半个多小时，饭菜早凉了。看到他磨蹭的样子，他爸终于压不住火，一把抓过碗勺给他喂饭。刚喂了两口，强强把吃进的饭菜全部吐了出来……我都急死了，对他一点辙也没有。"旁边艳艳妈妈听了忙说："我们家艳艳也是，就吃荤菜，不吃蔬菜。大便要两三天一次。每次大便，脸涨得通红，很费力，还叫屁屁痛，真拿她没办法。"如果你是孟老师，你会如何制定方案，帮助幼儿纠正挑食、偏食的饮食习惯呢？在家园合作方面要如何做呢？

老师为了纠正幼儿的不良饮食习惯，可以在幼儿入园前做一次幼儿饮食习惯调查。调查内容如下。

幼儿饮食习惯问卷调查

尊敬的家长：

为了更好地了解幼儿的饮食习惯，我们将对您的孩子展开饮食习惯的调查活动。请各位家长根据实际情况认真填写。

1.您家每天都按时吃饭吗？

A.是　　　　B.不是　　　　C.不经常　　　D.不知道

2.您的孩子喜欢吃零食吗？

A.喜欢　　　B.不是很喜欢　C.不喜欢　　　D.不知道

3.您的孩子喜欢吃哪些零食？

A.水果类　　B.薯片类　　　C.饼干类　　　D.其他

4.您觉得您的孩子有偏食的习惯吗？

A.有　　　　B.有时有　　　C.没有　　　　D.不知道

5.您的孩子一周吃几次水果？

A.1~2次　　B.3~4次　　　C.每天吃　　　D.不吃

6.您的孩子每天都吃早餐吗？

A.每天都吃　B.有时吃　　　C.很少吃　　　D.不吃

7.您的孩子早餐常吃什么？

A.方便面　　B.面包加牛奶　C.零食　　　　D.其他

8.您的孩子每天的饮水情况（500毫升约2杯）：

A.不足1杯　B.1~2杯　　　C.3~4杯　　　D.5~6杯

## 四、课证融通

幼儿园教师资格考试"保教知识与能力"科目关于本模块内容的考查及例题见表3-6，需要着重学习和思考。

表3-6　幼儿园教师资格考试"保教知识与能力"科目关于本模块内容的考查及例题

| 幼儿园教师资格考试"保教知识与能力"科目 |
| --- |
| 考试目标：掌握幼儿生活指导的基础知识与能力；掌握幼儿园一日生活和幼儿卫生、保健、营养、安全等方面的基本知识，并在实践中应用。<br>考试内容与要求：<br>了解幼儿卫生保健常规、疾病预防、营养等方面的基本知识。 |
| 例题：2017年幼儿园教师资格证考试"保教知识与能力"科目的真题。<br>下列不属于幼儿园教师工作职责的内容是（　　）。<br>A.观察了解幼儿，制订教育工作计划<br>B.指导调配幼儿膳食，检查食品卫生<br>C.创设良好的教育环境，合理组织教育内容<br>D.与家长保持经常联系，共同完成教育任务 |

## 五、阅读思享

推荐阅读：

周翔，《一园青菜成了精》，明天出版社，2008年出版。

推荐理由：

《一园青菜成了精》这本绘本可以推荐给不喜欢吃蔬菜的小朋友们。这是对北方的一首童谣进行改编的一部绘本作品，读起来朗朗上口，童趣十足。每种蔬菜的样子在作者的笔下跃然纸上，"豆芽菜跪倒来报信""韭菜使出两刃锋""歪嘴葫芦放大炮""打得大蒜裂了瓣"……寥寥数笔，形象贴切，让幼儿边看边大笑不已。

# 模块四 如厕环节

## 一、岗位能力模型

如厕环节岗位能力模型见表4-1。

表4-1　如厕环节岗位能力模型

| 模块 | 岗位能力描述 | 《幼儿园教育指导纲要（试行）》 |
|---|---|---|
| 如厕环节 | 如厕环节不仅可以满足幼儿正常的生理排泄需求，还可以培养幼儿基本的如厕技能，帮助幼儿养成良好的个人卫生习惯。一名合格的幼儿教师，除了要正确理解如厕环节的教育意义，还要了解如厕环节的流程和常规要求及注意事项，掌握如厕环节的组织方法，能针对个别幼儿的如厕问题进行有效干预和指导。<br><br>另外，由于幼儿年龄小、神经系统发育还不完善等原因，幼儿经常发生尿裤子、拉裤子等现象。这就要求各岗位教师要有足够的爱心和耐心，不怕脏不怕累，积极帮助幼儿进行清理，引导幼儿养成良好的排便习惯 | 第三部分　组织与实施<br>九、科学、合理地安排和组织一日生活。<br>（一）时间安排应有相对的稳定性与灵活性，既有利于形成秩序，又能满足幼儿的合理需要，照顾到个体差异。<br>（二）教师直接指导的活动和间接指导的活动相结合，保证幼儿每天有适当的自主选择和自由活动时间。教师直接指导的集体活动要能保证幼儿的积极参与，避免时间的隐性浪费。<br>（三）尽量减少不必要的集体行动和过渡环节，减少和消除消极等待现象。<br>（四）建立良好的常规，避免不必要的管理行为，逐步引导幼儿学习自我管理 |

## 二、知识点与技能点

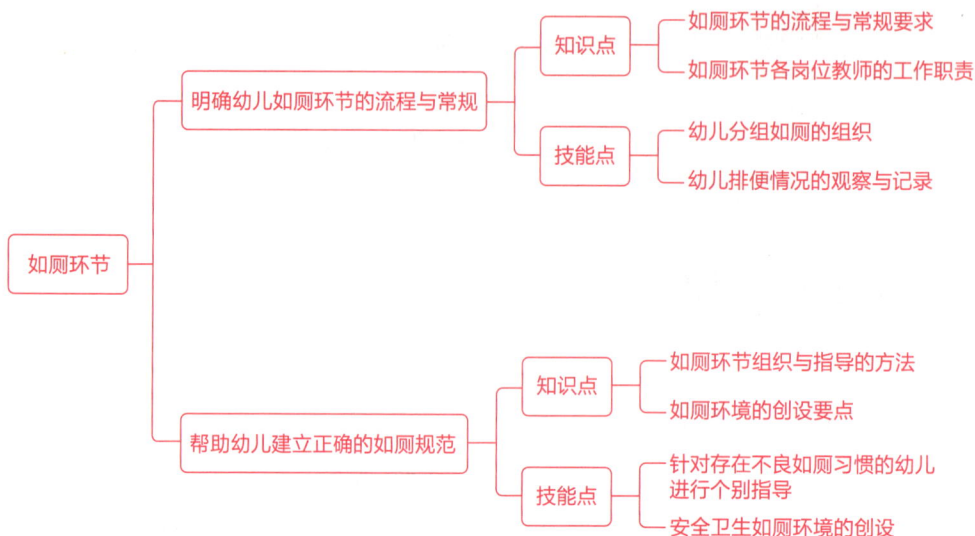

```
                                              ┌── 如厕环节的流程与常规要求
                                    知识点 ───┤
                                              └── 如厕环节各岗位教师的工作职责
            明确幼儿如厕环节的流程与常规 ───┤
                                              ┌── 幼儿分组如厕的组织
                                    技能点 ───┤
                                              └── 幼儿排便情况的观察与记录
  如厕环节 ───┤
                                              ┌── 如厕环节组织与指导的方法
                                    知识点 ───┤
                                              └── 如厕环境的创设要点
            帮助幼儿建立正确的如厕规范 ───┤
                                              ┌── 针对存在不良如厕习惯的幼儿
                                    技能点 ───┤    进行个别指导
                                              └── 安全卫生如厕环境的创设
```

### 思政目标

　　1.通过幼儿如厕环节的学习，帮助学生明确幼儿如厕环节的职责与分工，重视安全如厕环境的创设。

　　2.结合幼儿如厕环节的组织与开展，引导学生懂得对幼儿进行最初的性启蒙教育，重视幼儿性别意识的培养，树立正确的教育观。

## 三、工作任务

### 任务一　明确幼儿如厕环节的流程与常规

#### 1.任务描述

小一班的小朋友们刚结束了音乐活动，接下来就是他们期待已久的户外活动了。在户外活动之前，主班李老师请配班王老师和保育员赵老师一起组织小朋友们分组如厕。李老师组织男孩在盥洗室外面的走廊里排队等待，先和男孩们说了如厕的时候不要打闹、不跑跳等常规要求，还唱起了刚刚学会的儿歌。王老师和赵老师组织女孩排队进行如厕，王老师提醒女孩们说："小朋友们，上厕所的时候一定要注意把裤子向下褪到膝盖处，然后在马桶上坐好就可以大小便了；上完厕所之后，还要从旁边的纸筐里取出卫生纸，再用卫生纸从前往后擦一擦小屁屁，别忘了把用过的卫生纸扔进垃圾桶哦；接着提上自己的裤子，摁下开关冲一冲马桶；最后还要去洗干净自己的小手哦。"依依说："王老师，如果忘记了，我们可以看墙上贴的图片就知道怎么做了。"

（1）请你仔细阅读案例，并结合《乐美说如厕》，总结小一班小朋友如厕环节的流程和常规要求都有哪些？（完成工作表单1）

（2）结合案例和《乐美说如厕》，请你说说各岗位教师在如厕环节是如何分工的，哪些地方体现了小一班如厕环节的环境创设。你觉得如厕环节的环境创设还应该包括哪些内容？（完成工作表单2）

扫码观看数字教学资源《乐美说如厕》，结合案例以小组为单位完成工作表单。

本任务课件

乐美说如厕

### 2.工作表单

工作表单1和工作表单2分别见表4-2和表4-3。

表4-2　工作表单1

| 工作表单1 | 如厕环节的流程及常规要求 | 姓　名 | | 学　号 | |
|---|---|---|---|---|---|
| | | 评分人 | | 评　分 | |

1.请你仔细阅读案例并结合《乐美说如厕》，总结小一班女孩如厕环节的流程。

（1）将裤子向下褪到膝盖处，坐在马桶上。

（2）＿＿＿＿＿＿＿＿＿＿＿＿＿＿＿＿＿＿＿＿。

（3）用卫生纸＿＿＿＿＿＿＿＿＿＿擦拭屁屁。

（4）＿＿＿＿＿＿＿＿＿＿＿＿＿＿＿＿＿＿＿＿。

（5）＿＿＿＿＿＿＿＿＿＿提好裤子。

（6）＿＿＿＿＿＿＿＿＿＿＿＿＿＿＿＿＿＿＿＿。

（7）将手洗干净。

2.请你仔细阅读案例并结合《乐美说如厕》，总结小朋友如厕环节的常规要求都有哪些。

（1）幼儿按顺序排队如厕，＿＿＿＿＿＿＿＿＿＿＿＿＿＿。

（2）排队过程中能与前后的小朋友保持适中的＿＿＿＿＿＿＿＿＿。

（3）逐渐学会自理大小便，避免将大小便便到便池外。

（4）小班末期幼儿学习大便后自己擦拭屁股，中班开始能自己擦干净屁股。

（5）按规定取纸，不浪费纸张。

（6）便后幼儿主动冲水，整理好自己的衣服。

（7）养成集体活动前如厕的好习惯。

（8）用＿＿＿＿＿＿＿＿＿＿将手洗干净。

（9）洗手时不湿衣袖，＿＿＿＿＿＿＿＿＿＿。

表4-3　工作表单2

| 工作表单2 | 如厕环节教师的分工和环创问题 | 姓　名 | | 学　号 | |
|---|---|---|---|---|---|
| | | 评分人 | | 评　分 | |

1.结合案例和《乐美说如厕》，请你说说小一班各岗位教师在如厕环节是如何分工的。

（1）小一班的主班李老师采用了＿＿＿＿＿＿＿方式组织小朋友们进行如厕。

（2）主班李老师组织＿＿＿＿＿在＿＿＿＿＿跟小朋友说了＿＿＿＿＿，还＿＿＿＿
＿＿＿＿＿＿＿＿＿＿＿＿＿＿＿＿＿＿＿＿＿。

（3）配班王老师和保育员赵老师组织＿＿＿＿＿＿＿＿＿＿＿如厕并讲解如厕过程中
的＿＿＿＿＿＿＿＿＿＿＿＿＿。

2.案例当中，哪些地方体现了小一班如厕环节的环境创设？

在小一班卫生间设有专门存放卫生纸的＿＿＿＿＿＿＿＿＿，还有在墙上贴有提示小朋
友＿＿＿＿＿＿＿＿＿的图片。

3.你觉得如厕环节的环境创设还应该包括哪些内容？

（1）必要的提示，如＿＿＿＿＿＿等。

（2）窗台上可以摆放一些安全的＿＿＿＿＿，增加卫生间的活力。

（3）墙面上可以有一些＿＿＿＿＿提示。

3.反思评价

（1）通过学习本任务内容，你觉得在幼儿如厕环节需要注意哪些事项？

（2）请你对自己在本次任务中的学习情况进行评价。

课堂活动参与度　　☆　☆　☆　☆　☆

小组活动贡献度　　☆　☆　☆　☆　☆

学习内容接受度　　☆　☆　☆　☆　☆

4.学习支持

1）幼儿园如厕环节各岗位职责

（1）如厕前

①保育员应确保卫生间和盥洗室地面干净和干爽，备好卫生纸、香皂等生活用品。

②主班教师组织一部分幼儿进行活动以等待如厕，配班教师带领一部分幼儿排队如厕。

③保育员在如厕幼儿的队伍后面帮助配班教师维护秩序，提醒幼儿不推、不挤、不跑跳等，保证幼儿的安全。

（2）如厕中

①配班教师站在卫生间外指导和帮助幼儿整理衣服，保育员在卫生间内指导幼儿如厕，协助幼儿整理衣裤。

②保育员负责第一组零散的幼儿，配班教师负责第二组幼儿如厕（流程同上），主班教师继续组织室内幼儿开展活动。

③保育员对大便幼儿及时填写大便记录，日常生活中提示幼儿有大便时及时告诉

老师。

（3）如厕后

①配班教师在卫生间外还要组织如厕完毕的幼儿洗手，指导幼儿正确盥洗。

②教师要安排好幼儿如厕后下一环节的活动内容，让幼儿较好地完成过渡。

### 2）如厕环节的注意事项

①允许幼儿按需要随时大小便，不限制幼儿如厕次数，提醒易遗尿的幼儿解便。

②教师在组织过渡环节时，应注意避免无效等待。

③女孩小便后要使用卫生纸。

④教师及时为尿湿裤子的幼儿更换和清洗衣物。

⑤保育员、教师指导幼儿盥洗时不要弄湿衣服，保持地面干净清洁，节约用水。

⑥保持卫生间清洁通风，做到干爽无异味。

### 3）如厕的基本流程

（1）女孩如厕的基本流程

如厕前幼儿先把裤子往下褪到至膝盖处，然后坐到马桶上（或蹲在蹲厕上）进行小便或大便。大小便后，要用卫生纸从前往后擦拭屁股，使用过的卫生纸要丢进垃圾桶。屁股擦拭干净后及时提起裤子，随后要记得按下冲水开关，把马桶冲洗干净，发现不干净的可以多冲洗几次。最后用洗手液将双手清洗干净。

（2）男孩小便的基本流程

如厕前幼儿先把裤子下褪到胯部，然后一手扶住阴茎就可以开始小便了；小便后及时提起裤子，随后要按下冲水开关，把马桶冲洗干净；最后不要忘记洗手，可以用洗手液把双手清洗干净。

男孩大便的流程跟女孩如厕的流程基本一样。

4）如厕的常规要求

（1）如厕前

①按顺序排队如厕，不争抢、不插队。

②排队过程中要与前后的小朋友保持适中的距离。

（2）如厕中

①逐渐学会自理大小便，避免将大小便便到便池外。小班末期幼儿学习大便后自己擦拭屁股，中班开始能自己擦干净屁股。

②按规定取纸，不浪费纸张。

③便后主动冲水，整理好自己的衣服。

④养成集体活动前如厕的好习惯。

（3）如厕后

①用七步洗手法将手洗干净。

②洗手时不湿衣袖，节约用水。

## 任务二　帮助幼儿建立正确的如厕常规

本任务课件

### 1.任务描述

小一班的配班王老师正在组织小朋友们进行如厕，小男孩和小女孩都挤在卫生间里。就在王老师帮小虎整理裤子的时候，突然听到依依说："王老师，快看啊！妞妞站着尿尿了，裙子都湿了，还尿到地上了！"保育员赵老师赶紧拿来卫生间专用的拖把拖干净了地上的尿渍。王老师看了一眼妞妞，有点生气地对着妞妞说道："哎呀，妞妞，你不知道自己是女孩啊？女孩怎么能站着小便呢？你这孩子怎么这么笨啊！"有的小朋友听到王老师的话，也对着妞妞说："妞妞真笨！这么大了还站着尿尿，还尿裤子，羞羞！"妞妞委屈地说："王老师，你看天意就是站着尿尿的……"

（1）面对妞妞的情况，你认同配班王老师的做法吗？为什么？你觉得应该怎么做呢？（完成工作表单1）

（2）在幼儿园的如厕环节中，你觉得应该男孩、女孩分厕，还是男孩、女孩同厕呢？针对不同的年龄段有什么区别吗？请同学们分成两组针对这个话题展开辩论，并把你的观点写在工作表单2中。

## 2.工作表单

工作表单1和工作表单2分别见表4-4和表4-5。

表4-4　工作表单1

| 工作表单1 | 如厕环节的指导 | 姓　名 | | 学　号 | |
|---|---|---|---|---|---|
| | | 评分人 | | 评　分 | |

1.配班王老师是怎么组织男孩、女孩如厕的？卫生间发生了什么事情？王老师是如何处理的？

（1）王老师组织＿＿＿＿＿＿＿＿＿＿＿＿＿＿＿＿＿＿＿＿＿＿。

（2）卫生间里发生的事情是＿＿＿＿＿＿＿＿＿＿＿＿＿＿＿＿＿。

（3）王老师的做法是＿＿＿＿＿＿＿＿＿＿＿＿＿＿＿＿＿＿＿＿。

（4）其他小朋友的表现是＿＿＿＿＿＿＿＿＿＿＿＿＿＿＿＿＿。

2.面对妞妞的情况，你认同配班王老师的做法吗？为什么？

我觉得配班王老师的做法＿＿＿＿＿＿。因为＿＿＿＿＿＿＿＿＿＿＿

＿＿＿＿＿＿＿＿＿＿＿＿＿＿＿＿＿＿＿＿＿＿＿＿＿＿＿＿＿＿＿＿

＿＿＿＿＿＿＿＿＿＿＿＿＿＿＿＿＿＿＿＿＿＿＿＿＿＿＿＿＿＿＿＿。

3.针对妞妞的情况，你觉得王老师应该怎么做呢？

表4-5 工作表单2

| 工作表单2 | 男女分厕还是同厕的辩论 | 姓 名 | | 学 号 | |
| --- | --- | --- | --- | --- | --- |
| | | 评分人 | | 评 分 | |

| 观点：男孩、女孩分厕 | 观点：男孩、女孩同厕 |
| --- | --- |
| 理由1： | 理由1： |
| 理由2： | 理由2： |
| 理由3： | 理由3： |

### 3.反思评价

（1）通过对幼儿园男孩和女孩是分厕还是同厕的辩论，你对此有什么新的认识和想法？

（2）请你对自己在本次任务中的学习情况进行评价。

课堂活动参与度　　☆　☆　☆　☆　☆

小组活动贡献度　　☆　☆　☆　☆　☆

学习内容接受度　　☆　☆　☆　☆　☆

### 4.学习支持

1）面对如厕环节出现的问题，教师可以采取的方法

如厕是幼儿的基本生活技能之一，多数幼儿在入园前已能够独立如厕，但因为环境的变化偶尔也会出现各种问题。如厕环节中问题产生的原因是多方面的，开展如厕教育的最好时机就在卫生间里。为此，教师可以通过教育活动、游戏活动、环境暗示、鼓励表达、家园同步、模拟实践等策略，利用如厕环节，有计划地开展一系列简单又有趣的活动，帮助幼儿解决如厕中的困难，初步培养幼儿养成良好的如厕习惯。

（1）利用教育活动

教师可以开展专门的教育活动对幼儿进行如厕训练，如在"我会大小便"谈话活动中，先教会幼儿说"我要大/小便"，再教会幼儿大小便的方法，如怎样排队，怎样脱提裤子、擦屁股、冲马桶、洗手等。通过系统的训练，幼儿自主大小便的能力会逐步提高。

（2）利用儿歌

教师可以利用儿歌的方式教育幼儿正确地大小便。

儿歌一

妈妈夸我本领大，拉完大便自己擦。

脏纸放进纸篓里，两手用力把裤提。

便后记住要冲水，最后把手洗干净。

儿歌二

小花猫，喵喵叫，贪玩憋尿可不好；

小花猫，眯眯笑，赶快跑到厕所尿。

（3）利用游戏活动

利用游戏活动解决男孩子尿在便池外的现象，如"射击"游戏。具体方法：在便池中标识一个圆点，让幼儿小便时对准圆点，看谁最准，这样幼儿在小便时会更加认真。

（4）陪同如厕

教师陪同幼儿如厕，有以下作用：第一，组织排队，防止拥挤，避免滑倒、争抢便池的事件发生；第二，可以随时观察幼儿的排便情况并做好记录；第三，有利于帮助个别幼儿脱、提裤子等；第四，有利于督促幼儿便后洗手。

（5）环境暗示

面对因环境陌生、未适应在园如厕方式及如厕器具的幼儿，教师可以带领幼儿了解卫生间的环境，观察如厕流程图，使幼儿与环境充分互动，增加幼儿对环境的熟悉感、亲近感，逐步缓解幼儿如厕时的紧张情绪。

（6）鼓励表达

对部分幼儿有便意不说、因贪玩尿湿裤子、争抢厕位、因不会擦屁股而弄脏裤子等问题，教师都可以通过自编贴近幼儿生活实际又暗含解决方法的小故事，或把解决的方法编成趣味性的儿歌进行引导，鼓励幼儿大胆地表达自己的需求和愿望，解决如厕中的这些问题。

（7）固化行为

对初入园幼儿如厕技能欠缺的问题，教师可以通过自编故事的方式，在让幼儿获得正确认知的同时，让正确的行为获得正面强化而固化下来，以帮助幼儿实现轻松如厕。

（8）家园同步

入园前后，教师要了解幼儿的如厕习惯，多和家长沟通、交流，教师把幼儿在园的情况告知家长，有效指导家长在家庭中对幼儿进行如厕教育，与家长共同培养幼儿的自理能力。针对个别幼儿的特殊情况，家长要将情况及时与教师沟通，教师要与家长进行及时的沟通和反馈，共同寻求解决办法，统一要求和训练幼儿，这样才能使幼儿养成良好的习惯。

2）解决幼儿如厕过程中的各种难题

（1）尿裤子、拉裤子频率高

刚刚入园的幼儿频频出现尿裤子、拉裤子的现象。有时教师发现幼儿发呆、身体左右扭动、脸憋得通红、两腿夹紧时，还没来得及提醒，幼儿的小便就已经顺着裤腿流了下来，个别幼儿一天中甚至要尿湿三四条裤子；有的幼儿尿裤子、拉裤子后一动不动，眼睛怯怯地看着老师；有的幼儿则无论是便前还是便后，行为表现都没有异常，往往是教师闻到臭味时，一一询问或检查才得知真实情况。究其原因，一是幼儿对大小便的控制能力较弱，想排便时已经憋不住；二是因为分离焦虑而引起紧张或害怕，想排便而不敢说；三是还未适应幼儿园的如厕方式、如厕器具，不愿在园排便。

应对策略：针对幼儿上述现象，教师首先要及时提醒幼儿如厕，幼儿控制能力弱，教师可以在每次活动间隙组织幼儿集体如厕；针对幼儿因分离焦虑引起的紧张或者害怕，教师应以和蔼的语气与幼儿对话，不批评不指责，让幼儿感受到家庭般的温暖，从而敢于表达如厕的想法；另外，教师还要教会幼儿穿脱裤子的方式和方法。

（2）裤子整理不到位

小班幼儿如厕后，常见的现象是幼儿的裤腰中缝歪在一边、裤子没有护住肚脐、衬裤堆积在裤腰上面、衣服还皱皱巴巴的就从卫生间里跑出来等。之所以出现这些问题，主要是由于家长的过度包办而导致幼儿脱裤子、提裤子技能欠缺；另外，小班幼儿手部力量不足，协调性较差，脱裤子、提裤子对他们来说有一定的难度。

中大班如厕后，有的幼儿没擦干净屁股就提起了裤子；有的幼儿将内衣随意塞几下，衣裤没有整理好就跑出了卫生间；有的幼儿忘记冲洗马桶；还有大部分幼儿看到便池周围有尿液、大便时，会嫌脏、嫌臭而躲开。幼儿的这些行为说明：一是中大班幼儿喜欢做有挑战性、新异性的事情，提裤子、塞内衣等简单但重复性强的事情，对他们来说已经没有兴趣；二是幼儿整理仪表的意识比较淡薄，还没有形成便后整理的习惯；三是受自我中心意识的影响，虽然开始萌发关注周围环境的意识，但整理环境的具体行为还有欠缺。

应对策略：针对不会整理衣裤的幼儿，教师可以开展相对应的教学活动，教幼儿整理衣裤，培养他们的生活自理能力；对于那些已经会整理衣裤但是不认真整理的幼儿，可以通过讲述一些小故事来增强他们的保护意识，如"露肚脐会怎么样"；对于不冲洗马桶（便池）的幼儿要加强整理环境意识的训练。

（3）大便后不会擦屁股

幼儿大便人数较多时，"老师，我拉完了"的声音会此起彼伏。少数能力较强的幼儿擦屁股后也常存在擦不干净的现象。产生这一问题的原因，一是因为成人担心幼儿擦不干净，不敢放手让幼儿自己擦，使幼儿失去了学习的机会；二是幼儿怕脏、怕臭，不愿意自己擦。

应对策略：教师可以组织幼儿学习如何擦屁股，另外也要与家长共同合作，在家庭教育中利用父母的教育力量，让幼儿学习如何擦屁股，练习从前向后擦屁股的方法和卫生纸的折叠方法。

（4）不会脱裤子

许多幼儿不会脱裤子主要是因为有些家长总是嫌孩子做事拖拖拉拉，经常怀着与其等待还不如帮他做了的想法，利索地包办幼儿生活中的大小事务。还有的家长忽略幼儿蹲便或坐便能力的锻炼，脱裤子、提裤子和擦屁股一律包办，导致幼儿如厕能力欠缺。

这种做法看似省事，却为幼儿今后的生活带来了麻烦，这些小事会导致一系列连锁反应，如如厕难、起床难、交往难等，甚至影响幼儿的心理健康。

应对策略：首先，给幼儿穿结构简单的衣服。一方面，这样的衣服可以让幼儿轻松掌握独立穿脱的技巧，进而产生独立做事的成就感；另一方面，在如厕中，简单易脱的裤子可以使动作较慢的幼儿穿脱裤子的时间缩短，不至于尿裤子。其次，让幼儿独立穿脱衣服。穿脱衣服是培养幼儿独立生活能力的重要内容，家长要告知幼儿如何穿、脱衣服，并耐心等待。

（5）忘记上厕所

有些幼儿知道应在卫生间大小便，但其实际表现总是时好时坏。有的时候幼儿会专注投入当前的活动而忘记自身的生理需求；其实对幼儿而言，学习某项新技能大多需要经过几次反复才能稳定下来，操之过急只能适得其反。

应对策略：首先，教师要多一些耐心和宽容。幼儿在如厕时出现问题，教师应分析幼儿到底哪个环节出了问题，而不应训斥幼儿。训斥很可能使幼儿因恐惧而更难如厕，并形成心理阴影。其次，要及时提醒幼儿如厕。爱玩是幼儿的天性，好奇心的驱使会使他们忘记身体的感觉，教师可适时地提醒幼儿如厕。幼儿在憋尿时一般会表现为脸红、夹着双腿等，家长和教师可根据幼儿的表现和适当的时间间隔提醒幼儿及时如厕。

（6）换环境后不能轻松如厕

有些幼儿在家时已经学会了自己上厕所，可到了幼儿园却总是尿裤子，不是嫌脏就是找借口说自己不想尿了。其实，在熟悉的环境中，幼儿的状态是最放松、自在的。在陌生的环境中，尤其当自己所依恋的家长不在时，幼儿难免会紧张，无所适从。新环境中的任何一个小原因都可能导致幼儿如厕"失调"。

应对策略：首先，要鼓励幼儿并耐心等待。适应新环境需要一段时间，因此教师一定要静心等待，除了给幼儿必要的帮助外，尽量避免不断地询问幼儿"你今天在幼儿园里尿尿了吗？""你今天有没有憋尿？"等。类似的问法可能会强化幼儿的焦虑心理，让幼儿很没有"面子"，所以幼儿教师应给幼儿一些时间来克服暂时的困难，将幼儿如厕看作一件平常事。其次，要了解幼儿的想法。家长和教师只有知道幼儿排斥新环境的原因后才能对症下药。盲目说教和忽视幼儿的真实想法只能让尿裤子的现象越来越严重。

（7）如厕时不够专注

有些幼儿如厕时争抢厕位，走上台阶还没站稳、蹲稳，就慌慌张张开始大小便，常常导致大小便撒到便池外、裤子上；有的幼儿一边排便一边和同伴聊天、嬉笑，有时还会因为一些小事而争吵起来，你推我一把，我拉你一下，导致滑到、磕伤。随着幼儿认知能力的不断提高，关注周围事物的兴趣也越来越广泛，他们在如厕时的注意力往往被周围其他的事物所吸引，从而降低了对如厕这些常规行为的专注程度。与此同时，幼儿正处于交往发展的关键期，交往的需求、范围越来越大，卫生间作为一个比较自由开放的空间恰恰满足了幼儿的这一需求，成为他们谈笑的自由空间。

应对策略：这种现象经常发生在中大班幼儿身上，一方面，他们对幼儿园比较熟悉了，基本没有如厕的焦虑；另一方面，幼儿之间的关系也比较密切了，会出现在卫生间打闹的场景。教师应对幼儿进行安全教育；另外，教师和保育员做好分工，不要让幼儿完全脱离教师的视线范围，保障幼儿的安全。

（8）对大小便与身体健康的关系存在着认知与行为上的矛盾

有些幼儿会告诉教师："我的大便很干，像一个个小球球。""大便时我的屁股有些疼。""今天我喝水少，小便很黄。"等等，这说明中大班的幼儿对大小便与身体健康的关系已经有了初步的认知和理解。但他们并没有表现在行动上：有的幼儿排便困难时知道应该多吃蔬菜，而面对蔬菜时依然拒绝；有的幼儿知道小便发黄了要多喝水，如果没有成人的提醒，他们不会主动喝水。这些行为明显地反映出幼儿在认知与行为上存在矛盾。

应对策略：造成这一矛盾的主要原因是教师对幼儿的引导多停留在口头上，说教的成分多，这样的教育方式很难使幼儿理解大小便与身体健康之间的关系，即使幼儿有一些零散的感受，也很难与行为产生联系。所以，教师要身体力行地去做示范，如多喝水、多吃蔬菜等。另外，也可以通过讲解绘本故事让幼儿进行具体而形象的学习。

3）幼儿园卫生间环创要点

（1）安全问题

卫生间地面要注意进行防滑设计，并且要保持地面干爽。

（2）厕纸盒、垃圾桶简洁美观、方便实用

厕纸盒要选择便于取放的样式，安装高度要适宜幼儿，垃圾桶要选择不带盖的样式。

（3）采光、通风良好

一般厕所多在建筑的阴面，因此要保证有足够亮的灯具，保证通风良好，并安装换气设施。

（4）清洁、消毒用品摆放合理，专品专用

有条件的幼儿园可在卫生间内设专门的区域存放清洁、消毒用品，这样既可以保持卫生间整洁，又可以防止幼儿随意动用。

（5）营造轻松温馨的如厕氛围

在卫生间适宜的位置摆放小型的绿色植物、挂画进行点缀，营造轻松温馨的如厕氛围。

（6）教育提示功能标识的利用

教师为了培养幼儿如厕常规等，可以在墙面、地面粘贴一些图片、地贴来提示幼儿如厕环节的一些注意事项等。

**拓展阅读**

### 婴幼儿异常大便的种类

（1）饥饿便：由母乳不足或饥饿引起。深绿色，粪质少，黏液多，呈碱性。

（2）消化不良便：因为食物的量或质超过了婴幼儿胃肠道消化功能的负荷，负担过重引发，中医称为"伤食泻"。黄绿色，水样便，带白色小块（脂肪皂化块）和黏流，粪水分开，呈酸性。每天5～10次。如果蛋白质消化不良，粪便呈硬结，臭味浓。

（3）结肠炎便：呈黏液、脓血便。

（4）脂肪便：由脂肪消化不良或摄入过多所引起。淡黄色液状便，量多，尿布上有油腻，不易被洗去。

（5）糖过多便：因对碳水化合物消化不良所致，如淀粉、乳糖及蔗糖。深棕色，水样（泡沫发酵）便，呈酸性。

（6）血便：坏死性小肠炎的呈果酱色、暗红色血便，伴发热、呕吐、腹胀。肠套叠、自然出血症时呈鲜血便。

（7）蛋花汤样大便：婴儿大便次数增多，大便像蛋花汤一样，粪便和水分散在尿布中，并带少量黏液，但不是很腥臭。多数幼儿同时有发热、咳嗽、流涕等上呼吸道感染的症状，这是由病毒引起的肠炎而引起的。

（8）水样便：大便次数每天5～10次，严重者可达10余次，黄色水样大便，还有酸臭味，这也是由肠炎而引起的。

（9）黏液便：粪便中混有鼻涕样黏液，这多为结肠炎或慢性细菌性痢疾而引起的。

（10）泡沫便：大便呈泡沫状，有较强烈的酸臭味。这是婴幼儿摄入过多的淀粉类食物，如乳儿糕、米糊等，使肠内的细菌过度发酵，肠蠕动增强，造成大便次数增多。

（11）脓血黏液便：大便带脓，血量少，伴腹痛、里急后重，多为急性痢疾而引起的。

（12）其他：肠吸收不良症大便为灰白色，量多，含泡沫及脂肪，有恶臭味。细菌性或食物中毒性肠炎的大便奇臭。金黄色葡萄球菌肠炎的大便呈绿色海水样，有腥臭味。肠道畸形或梗阻时呈白色陶土样或淡黄色粪便。

## 四、课证融通

　　幼儿园教师资格考试"保教知识与能力"科目关于本模块内容的考查和例题见表4-6，需要着重学习和思考。

表4-6　幼儿园教师资格考试"保教知识与能力"科目关于本模块内容的考查和例题

| 幼儿园教师资格考试"保教知识与能力"科目 |
| --- |
| 考试目标：掌握幼儿生活指导的基础知识与能力；掌握幼儿园一日生活和幼儿卫生、保健、营养、安全等方面的基本知识，并在实践中应用。<br>考试内容与要求：<br>了解幼儿卫生保健常规、疾病预防、营养等方面的基本知识。 |
| 例题：2017年（下）幼儿园教师资格证考试"保教知识与能力"科目的真题。<br>对于幼儿如厕，教师最合理的做法是（　　）。<br>A.允许幼儿按需自由如厕<br>B.要求排队如厕<br>C.控制幼儿如厕次数<br>D.控制幼儿如厕的间隔时间 |

## 五、阅读思享

推荐阅读：

［波兰］亚历山德拉·米热林斯卡、丹尼尔·米热林斯基，《食物的旅行》，华夏出版社，2020年出版。

推荐理由：

《食物的旅行》这本科普绘本，从新奇好玩的角度，用诙谐有趣的语言呈现了食物进入人体后的消化之旅。故事主人公波波先生用自己的身体展现食物进入口腔以后所经历的过程，从嘴巴开始直至马桶，让幼儿如同踏上一段穿越消化道的冒险之旅。另外，作者巧妙地用波波先生展示人类的相关器官及其功能，帮助幼儿更清晰地了解人体的结构和消化运作。

# 模块五  饮水环节

## 一、岗位能力模型

饮水环节岗位能力模型见表5-1。

表5-1　饮水环节岗位能力模型

| 模块 | 岗位能力描述 | 《3~6岁儿童学习与发展指南》 |
|---|---|---|
| 饮水环节 | 　　水是人体所需六大营养素之一，人体细胞的一切生命活力都要在水的参与下才能进行，可以说水对于人体具有无可替代的重要作用。幼儿饮水情况会直接影响他们身体的正常发育和健康成长。为了保证幼儿身体对饮水量的需要，中国营养学会建议3~6岁幼儿每天饮水量为600~800ml。这就要求幼儿教师应了解饮水环节的常规要求及注意事项，能够顺利完成幼儿饮水环节的组织，以及能够针对个别幼儿饮水环节出现的问题进行有效指导 | 　　一、健康<br>　（三）生活习惯与生活能力<br>　　目标1 具有良好的生活与卫生习惯<br>　　教育建议：<br>　　帮助幼儿了解食物的营养价值，引导他们不偏食不挑食、少吃或不吃不利于健康的食品；多喝白开水，少喝饮料 |

## 二、知识点与技能点

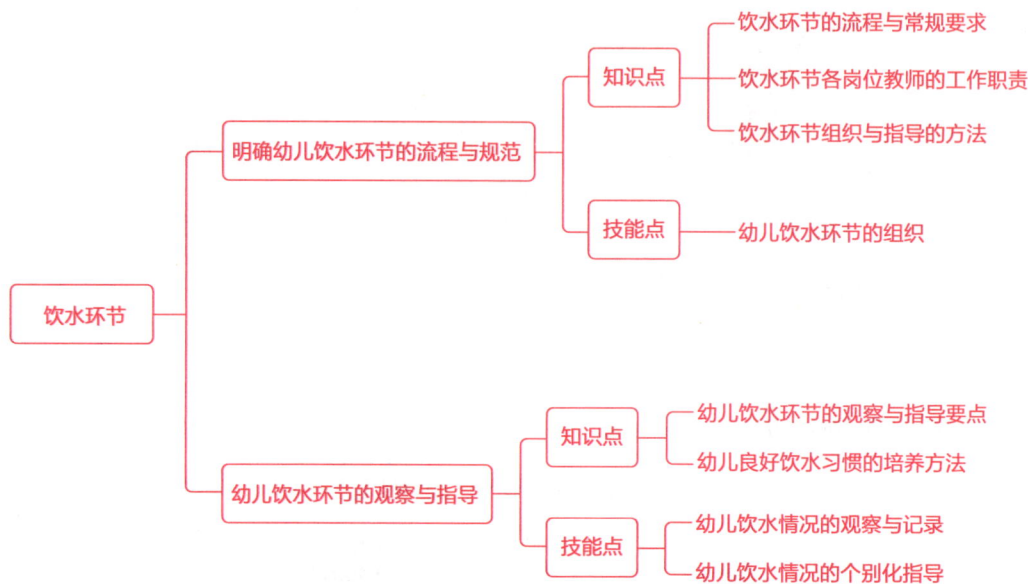

```
                                                              饮水环节的流程与常规要求
                                              知识点          饮水环节各岗位教师的工作职责
                      明确幼儿饮水环节的流程与规范                饮水环节组织与指导的方法
                                              技能点          幼儿饮水环节的组织
  饮水环节
                                              知识点          幼儿饮水环节的观察与指导要点
                                                              幼儿良好饮水习惯的培养方法
                      幼儿饮水环节的观察与指导
                                              技能点          幼儿饮水情况的观察与记录
                                                              幼儿饮水情况的个别化指导
```

### 思政目标

1.通过幼儿饮水环节的学习，帮助学生树立对幼儿健康的正确认识，重视幼儿良好饮水习惯的培养。

2.结合幼儿饮水环节的组织与开展，引导学生懂得关爱幼儿健康，重视幼儿健康教育，树立正确的教育观。

## 三、工作任务

### 任务一　明确幼儿饮水环节的流程与规范

#### 1.任务描述

户外活动结束后，中二班的主班雷老师发现不少小朋友都出了很多汗，她请保育员刘老师为小朋友们准备好足量的温开水和水杯；配班张老师组织一部分幼儿如厕，雷老师自己则组织一部分幼儿盥洗。雷老师请洗好手的幼儿去拿自己的小水杯排队接水，依依和双双却因为排队的问题而争吵起来。依依说："雷老师，双双本来排在我的后面，可她说喜欢我脚底下踩的红色标志，非把我推开，然后自己站在这儿。"雷老师听完，转过身对双双说："双双，每个小朋友都要排队接水哦！等前面的小朋友接好水离开后，每个人都会往前移动一个位置，这样你就可以踩到红色的圈圈了。如果每个小朋友都挤来挤去，大家都接不成水了。"双双听了之后点点头，大家都安静地排队等待接水。有些速度快的小朋友都已经喝完水并把自己的水杯放回贴有自己名字的水杯格子了。

（1）结合案例和《乐美说饮水》，请你思考案例中出现了饮水环节的哪些流程和常规要求？饮水环节还有哪些流程和常规要求？案例中依依和双双在排队时发生了什么问题？我们可以通过什么方法来培养幼儿的排队常规？（完成工作表单1）

（2）案例中各岗位教师在饮水环节做了哪些工作？除此之外，在饮水环节她们还有哪些工作职责呢？（完成工作表单2）

扫码观看数字教学资源《乐美说饮水》，结合案例以小组为单位完成工作表单。

本任务课件

乐美说饮水

### 2.工作表单

工作表单1和工作表单2分别见表5-2和表5-3。

表5-2　工作表单1

| 工作表单1 | 饮水环节的流程和常规要求 | 姓　名 | | 学　号 | |
|---|---|---|---|---|---|
| | | 评分人 | | 评　分 | |

1.结合案例和《乐美说饮水》，请你思考案例中出现了饮水环节的哪些流程？饮水环节还有哪些流程？

案例中出现了饮水环节的流程有＿＿＿＿＿＿＿＿＿＿＿＿＿＿；除此之外，饮水环节的流程还有＿＿＿＿＿＿＿＿＿＿＿＿＿＿＿＿＿＿＿＿＿＿＿＿。

2.结合案例和《乐美说饮水》，请你思考案例中出现了饮水环节的哪些常规要求？幼儿在饮水环节还有哪些常规要求呢？

（1）案例中出现的常规要求：＿＿＿＿＿＿＿＿＿＿＿＿＿＿＿＿＿＿＿＿＿。

（2）其他的常规要求：用自己的水杯饮水，接水时＿＿＿＿＿＿＿＿、不拥挤、不浪费、不边走边喝，喝完把水杯放在固定的位置，水杯内＿＿＿＿＿＿＿＿。

3.案例中依依和双双在排队时发生了什么问题？我们可以通过什么方式来培养幼儿的排队常规？

案例中依依和双双在排队时发生了＿＿＿＿＿＿＿＿＿＿＿＿＿＿＿＿＿＿的问题。我们可以通过＿＿＿＿＿＿＿＿＿＿＿＿＿＿＿＿＿＿＿＿＿＿＿＿＿＿＿＿＿＿＿＿＿＿＿＿＿＿＿＿＿＿＿＿＿＿＿＿＿＿来培养幼儿的排队常规。

表5-3 工作表单2

| 工作表单2 | 饮水环节各岗位教师的主要职责 | 姓　名 | | 学　号 | |
|---|---|---|---|---|---|
| | | 评分人 | | 评　分 | |

1.案例中各岗位教师在饮水环节做了哪些工作？

（1）主班雷老师在饮水环节做的工作是_____

_____。

（2）配班张老师在饮水环节做的工作是_____

_____。

（3）保育员刘老师在饮水环节做的工作是_____

_____。

2.除此之外，在饮水环节各岗位教师还有哪些职责呢？

主班教师：

_____秩序与安全。

配班教师：

（1）组织幼儿在指定位置喝水，不边走边喝、不浪费水、不存水，把水杯放在_____

_____。

（2）引导幼儿理解水对人类的重要性，养成_____、_____的好习惯。

保育员：

（1）做好班级装水容器和幼儿的水杯、杯架的_____和_____。

（2）观察幼儿的_____，提醒幼儿喝水。

### 3.反思评价

（1）幼儿早上入园的时候，经常有家长对老师说："请给孩子多喝点水。"你会如何回复家长呢?

_____

_____

_____

（2）请你对自己在本次任务中的学习情况进行评价。

课堂活动参与度　☆　☆　☆　☆　☆

小组活动贡献度　☆　☆　☆　☆　☆

学习内容接受度　☆　☆　☆　☆　☆

### 4.学习支持

科学研究发现，水是维持机体正常运转、促进机体发育和保持健康的六大营养素之一。正是由于水对人体健康具有不可替代的重要作用，所以幼儿是否有主动饮水的意愿、每天的饮水量是否适宜等，都会对他们身体的正常发育和健康成长产生直接的影响。

探讨如何利用有效的组织引导策略培养幼儿主动饮水、科学饮水的习惯，成为非常具有教育价值的生活教育课题。我国学前教育虽然有了比较大的进步，但是也存在不少问题，在幼儿园一日生活环节的组织方面还需要教师不断学习，掌握更多专业知识和教学技能，提高自己发现问题及解决问题的能力。

1）学龄前儿童每天喝多少水合适

学龄前儿童的新陈代谢比较旺盛，活动量大，水分需求量自然也就相对较多。因此，学龄前儿童每日总饮水量应为1300~1600mL，除从水果、蔬菜、奶类和其他食物中摄入的水分外，建议学龄前儿童每日饮水量为600~800mL，并以温开水为主。

学龄前儿童的胃容量较小，应少量多次饮水，可以选择在上午、下午各饮水2~3次，每次少量，晚饭后饮水应根据实际情况而定。避免在进餐前大量饮水，以免造成胃容量充盈，冲淡胃酸，影响食欲和消化。除此之外，还要根据学龄前儿童的活动量、出汗量、排尿量来灵活调整饮水量。家长应该以身作则，帮助学龄前儿童养成良好的饮水习惯，同时家中应常备温开水，提醒孩子定时饮用。

另外，由于含糖饮料对学龄前儿童有较大的吸引力，需要家长对此给予正确的引导，让他们了解喝含糖饮料的危害。家中尽量不要购买可乐、果汁等饮料，并避免将含糖饮料作为零食提供给学龄前儿童。还有家庭自制的豆浆、鲜榨果汁等天然饮品可适当给学龄前儿童饮用，但饮用后一定要及时漱口或刷牙，以保持口腔卫生，预防龋齿。

学龄前儿童每日饮水量的多少，应该根据他们的实际情况灵活掌握，并不是一成不变的。应该注意的是，不能一次大量地饮水，尤其在夏日出汗多时。因为当人体出汗时，体内的钠盐随汗水排出，一次性大量地饮用白开水，会造成低钠综合征，还会出现头晕、恶心甚至虚脱等症状。

在幼儿园一日生活各环节的组织与实施过程中，教师要合理安排幼儿进行饮水，根据幼儿的实际需要随时喝水，不限时间和次数。

一般情况下，从幼儿入园开始，教师可以将幼儿在园的饮水时间做一个大致的分解。以大班幼儿的800mL饮水量、使用150mL水杯为例，其一日在园饮水安排见表5-4。

表5-4 大班幼儿一日在园饮水安排

| 序号 | 时间 | 饮水量 |
| --- | --- | --- |
| 1 | 晨间入园后 | 小半杯，约50ml |
| 2 | 区角活动后 | 大半杯，约100ml |
| 3 | 上午户外活动后 | 一杯，约150ml |
| 4 | 教育活动后 | 大半杯，约100ml |
| 5 | 午睡起床后 | 一杯，约150ml |
| 6 | 教育活动后 | 大半杯，约100ml |
| 7 | 下午户外活动后 | 一杯，约150ml |

婴幼儿饮水量并不是越多越好，各年龄段婴幼儿对水的需求量和他们的体重存在一定关系，而且还和婴幼儿的活动量、体温及饮食有关。人体所需要的水分并不是全部来自饮水，幼儿一天当中摄入的奶、蔬菜、水果和米饭等食物中均含有水分，这食物已经补充了幼儿需水量的60%~70%，还需靠饮水来补充剩余的30%~40%，就能保证正常的身体需求了。不同年龄段婴幼儿每天对水的需求量大致如下：0~12月龄，120~160ml/kg；2~3岁，100~140ml/kg；4~7岁，90~110ml/kg。

2）幼儿园饮水环节各岗位教师的职责与要求

在饮水环节的组织过程中，主班教师、配班教师和保育员要进行合理分工、紧密配合。幼儿饮水环节的流程基本包括准备工作、排队接水、安静喝水、有序送杯，各岗位教师在饮水环节的每个流程中，需要做好各方面的衔接工作，并且在此过程中开展针对幼儿的常规训练。

（1）准备工作

各岗位教师的主要工作内容：

①保育员根据幼儿的一日作息时间，在不同的季节为幼儿准备不同温度的饮用水。水温基本控制在30℃左右，不宜过高。

②为幼儿准备好水杯，方便幼儿自主取放。

③幼儿的水杯每天要清洗消毒一次，个别吃药幼儿的水杯要及时清洗干净。

④保持地面干净无水渍，避免幼儿滑倒、摔伤。

幼儿常规要求：

①让幼儿了解饮水与身体健康之间的关系。

②幼儿能准确找到自己的杯格和杯子。

（2）排队接水

各岗位教师的主要工作内容：

①主班教师在室内组织一部分幼儿进行室内安静的游戏活动，等待接水。

②配班教师带领一部分幼儿排队取水杯、接水。

③保育员在饮水桶旁指导幼儿接完水并及时关掉开关。

幼儿常规要求：

①幼儿能自觉排队取水杯和接水。

②幼儿能小心拿稳水杯接水，不玩水龙头，不浪费水。

③接水量要适中，约为水杯容量的1/2或2/3。

（3）安静喝水

各岗位教师的主要工作内容：

配班教师组织喝水的幼儿一手端水杯底部，一手握住杯把，站在固定位置或坐回小椅子上安静地喝水。

幼儿常规要求：

喝水时，幼儿要做到不说笑、不打闹、不浪费水。

（4）有序送杯

各岗位教师的主要工作内容：

①配班教师组织喝完水的幼儿，有序地将自己的水杯放回原处。

②主班教师组织已喝完水和还未轮到喝水的幼儿进行过渡环节。

③第一组未喝完水的个别幼儿由保育老师负责，配班教师组织第二组幼儿喝水。

幼儿常规要求：

幼儿要轻拿轻放水杯，把杯子送回原处。

**做一做**

教师可以在幼儿饮水环节的组织过程中，加强对幼儿饮水常规的培养。对于不同年龄段幼儿的常规要求是有区别的，请你自行查找资料，制作思维导图，区分不同年龄段幼儿的常规要求。

3）幼儿饮水方面存在的问题

（1）幼儿处于被动饮水状态

幼儿由于年龄较小，还未充分认识到水对于自身健康的重要意义。因此，他们基本上只会在身体发出"缺水"预警时才会想起喝水，还不能进行主动饮水。无论是在家中还是在幼儿园，大部分幼儿基本上都处于被动的饮水状态，在家长或教师的提醒与督促之下才去喝水，或者看到同伴去喝水，才想起自己也要喝水；只有少数的幼儿有主动饮水的意识；甚至有个别幼儿特别抵触喝水，喜欢喝带有一定味道的饮料等。

（2）教师处于模糊不清状态

有的教师缺乏对幼儿饮水的正确认识，这就导致教师在组织不同年龄段幼儿饮水时会发生"一刀切"的情况，不能根据不同年龄段幼儿饮水需求量的不同进行灵活调整；有的教师对幼儿一日饮水情况缺乏应有的关注，这就导致饮水环节的组织比较随意，幼儿的饮水量也就无法得到保证；还有的教师只顾满足家长的要求，一味强调幼儿饮水量越多越好，导致出现幼儿饮水过量等问题。

（3）家长处于矛盾心理状态

现在大多数家长对于幼儿饮水量是比较重视的，大多数家长都认为幼儿饮水以适量为宜，并不是越多越好。虽然他们对幼儿饮水量都有一个相对科学的认识，但是他们的实际行为表现与他们的认知却是矛盾的，他们基本上从来不担心

**聚焦职场**

如果你班上的幼儿不喜欢饮用白开水，却很喜欢各种甜味的饮料，你觉得可以从哪些方面入手解决这个难题呢？

孩子饮水过量，却唯恐自己的孩子饮水量不足。有很多家长认为一个班级有那么多孩子，教师根本不可能关注到每个孩子。因此，他们认为孩子在幼儿园的饮水量是不够的。甚至有一部分家长，如果他们的孩子生病了，就认为是孩子在幼儿园饮水太少造成的。

4）幼儿水杯的清洁和消毒

保证幼儿饮用水的安全与卫生是幼儿园非常重要的工作之一，这关系到幼儿的身体健康，甚至生命安全。幼儿教师在保证饮用水和装水容器等设备的安全与卫生的同时，还要做好幼儿水杯的清洁和消毒工作。每个班级的保育员每天都要对幼儿的水杯、杯架进行认真仔细地消毒，特别是水杯要保证做到用后即刻清洗、消毒。保育员一定要按照相关的清洁和消毒制度对幼儿水杯进行清洁、消毒。

（1）清洗

清洗杯中的残渣及污垢，然后在水池中用洗涤液清洗，并注意洗刷杯口，再用清水漂洗杯具。

（2）消毒

①高温消毒：包括煮沸、蒸汽、远红外线消毒等。煮沸、蒸汽消毒应保持温度在100℃，消毒时间不少于15分钟；远红外线消毒（如远红外线消毒柜）应控制温度在100℃，消毒时间不少于15分钟。

②药物消毒：在药物消毒池内，将杯具完全浸泡在药液中，药液浓度及浸泡时间必须按药物使用说明严格操作。

对幼儿水杯的消毒较为常用的方式是远红外线消毒。

（3）保管

①采用高温消毒后的杯具应干爽清洁，可直接放入保洁柜内。

②采用药物消毒后的杯具应倒置一段时间（不得超过15分钟）再放入保洁柜内。

③保洁柜内必须每天清洗、消毒，如果采用毛巾作垫子，所垫的毛巾必须每天更换、清洗和消毒。

除了对水杯的常规消毒之外，幼儿的水杯一定是专人专用，水杯架上可以贴上幼儿的照片或者写上幼儿的姓名，避免幼儿错拿。为保证幼儿接水安全，班级教师可以在水桶上粘贴提示性图片等标识来提醒幼儿。

**政策法规**

《幼儿园工作规程》第二十二条："幼儿园应当配备必要的设备设施，及时为幼儿提供安全卫生的饮用水。"

幼儿园有责任和义务配备必要的饮水设备设施，并为幼儿提供安全卫生的饮用水，保证幼儿的健康成长。教师在幼儿饮水的这个过程中起着举足轻重的作用，教师需要检查和管理设备与水源的安全与卫生。

### 📌 任务二　幼儿饮水环节的观察与指导

**本任务课件**

#### 1.任务描述

中二班的小朋友们刚结束美术活动，班级老师们就开始组织小朋友们喝水。突然，水桶旁传来了争执声："你把水都洒到地上了！""没有，我只是在和桐桐干杯呢！"主班雷老师走过去一看，地上一片水迹，原来是乐乐与桐桐在用水杯碰撞着玩。雷老师马上批评了乐乐："喝水就喝水，干什么杯？以后不准干杯了！小朋友踩到水摔倒了怎么办？"雷老师边说边拖地。不一会儿，又有小朋友告状："雷老师，他们都在干杯，地上洒了好多水！"雷老师走过去发现平时最不爱喝水的贝贝竟然也迫不及待地接了半杯水，学着乐乐的样子，高举着杯子与乐乐装得满满的杯子相碰，将乐乐杯子里的水溅得满地都是。雷老师见状大声训斥道："贝贝，不准学乐乐，快点喝，一会儿我们还要去绘本馆看绘本呢。"贝贝本身就是一个有些内向的小朋友，她听到老师批评自己，水也不喝了，低着头委屈地看着杯子。

（1）面对班级中幼儿在饮水环节出现的"干杯"情形，雷老师是怎么做的呢？教师应该如何培养幼儿良好的饮水习惯呢？（完成工作表单1）

（2）针对贝贝的情况，教师和家长应该如何指导呢？（完成工作表单2）

扫码观看数字教学资源《乐美说饮水》，结合案例以小组为单位完成工作表单。

## 2.工作表单

工作表单1和工作表单2分别见表5-5和表5-6。

表5-5　工作表单1

| 工作表单1 | 案例分析 | 姓　名 | | 学　号 | |
|---|---|---|---|---|---|
| | | 评分人 | | 评　分 | |

1.面对班级中幼儿在饮水环节出现的"干杯"情形，雷老师是怎么做的呢？你认同雷老师的做法吗？为什么？

（1）雷老师的做法是：_____

_____

_____。

（2）我_____雷老师的做法，因为_____。

2.结合案例，你认为教师应该如何培养幼儿良好的饮水习惯呢？

表5-6　工作表单2

| 工作表单2 | 针对贝贝的个别化指导 | 姓　名 | | 学　号 | |
| --- | --- | --- | --- | --- | --- |
| | | 评分人 | | 评　分 | |

1.针对贝贝的情况，你会如何指导呢？

（1）首先要肯定贝贝开始喝水的＿＿＿＿＿＿＿。

（2）教师要抓住"干杯"的＿＿＿＿＿＿，培养贝贝喝水的兴趣。

（3）与贝贝的家长＿＿＿＿＿＿＿，用不同的饮水仪式让贝贝体验喝水的乐趣。

2.针对贝贝的情况，家长应该怎么做呢？

（1）家长应在家中常备＿＿＿＿＿＿＿，并＿＿＿＿＿＿＿。

（2）避免将含糖饮料作为健康饮品提供给幼儿。

## 3.反思评价

（1）通过本任务的学习，你收获了什么？希望之后的课堂是什么样的？

（2）请你对自己在本次任务中的学习情况进行评价。

课堂活动参与度 ☆ ☆ ☆ ☆ ☆

小组活动贡献度 ☆ ☆ ☆ ☆ ☆

学习内容接受度 ☆ ☆ ☆ ☆ ☆

## 4.学习支持

### 1）幼儿饮水环节的观察与指导要点

不同年龄段幼儿的发展水平具有不同的层次，他们的个体差异非常显著，教师要根据这个特点及时调整自己的观察要点和指导策略，逐步指导幼儿提高饮水环节中的自我管理能力与水平，最终实现幼儿主动饮水意识与能力的提升。

（1）托、小班幼儿

为低年龄段的幼儿准备温度适宜（30℃左右）的白开水，由于低年龄段的幼儿手部肌肉发育水平还较低且力气较小，需要教师为他们接好大半杯水（约100毫升）。另外，在托班幼儿入园前，为每个幼儿的水杯格处贴上他们的大头照当作识别的标记，以免拿错水杯。在摆放幼儿水杯时，注意要露出标记，将水杯的把手朝外，方便幼儿拿取，具体注意事项如下：

①在幼儿饮水前观察地面是否干燥，为幼儿饮水提供安全的环境。幼儿手脏时，帮助幼儿洗干净手。

②以游戏的口吻激发幼儿饮水的愿望。组织幼儿轮流饮水，每4~5名幼儿一组。

99

③提醒幼儿端取自己的水杯饮水，指导小班幼儿有序、独立地接水，提醒幼儿接水时眼睛看着水杯，接半杯或三分之二杯的水量即可。

④指导幼儿握好杯把、稳住水杯，轻轻走到饮水区，一口一口慢慢喝，提醒幼儿不要把水洒到衣服或地面上。

⑤随时提醒幼儿安静饮水，并及时表扬幼儿良好的饮水行为，对说笑、打闹的幼儿给予指导和纠正。关注幼儿嘴巴或衣服的前胸部位是否有水迹，如有应及时用毛巾帮助幼儿擦干或更换晾晒。

⑥鼓励幼儿喝完杯中的水，注重发挥教师自身或幼儿同伴的榜样作用，带动饮水困难的幼儿共同喝上足量的水，并将水杯放到固定位置。

⑦准确把握幼儿的饮水量。特殊情况时，比如幼儿身体不适、运动后出汗过多、天气炎热等情况时要给予幼儿特别照料，适当增加饮水量。

⑧注意把握饮水时机。在上午10点左右、户外活动后、午睡起床后，及时组织幼儿饮水。

⑨幼儿不小心洒水时，教师及时擦拭地面，避免幼儿滑倒、摔伤。

⑩用不同标记或图案划分等待区、接水区、饮水区，培养幼儿有序地饮水的习惯。

⑪主动向家长反馈幼儿在园的饮水情况及喝水量，提出指导建议。同时，倡议家长在清晨起床后、晚上睡觉前半小时提醒幼儿适量饮水。

（2）中、大班幼儿

具体注意事项如下：

①为幼儿准备温度适宜的白开水（30℃左右）。

②提前擦拭、整理盥洗室，保持室内干燥和整洁。

③组织幼儿饮水前洗干净手。

④提醒幼儿用正确的方法端取水杯，接适量的水。

⑤关注幼儿饮水情况，对聊天、打闹、拿着杯子乱跑的幼儿及时提醒和引导，及时表扬幼儿有序等待及在固定的区域安静喝水等良好的饮水行为。

⑥帮助幼儿了解饮水与身体健康之间的关系，学习根据身体需要及时调整自己的饮水量。比如，感冒发烧、小便发黄、天气炎热、吃了较干硬食物后要增加饮水量；

饭前半小时之内不要饮水；运动后休息一会儿再饮水等。

⑦提醒幼儿喝完杯中的水后，将水杯轻轻地放在固定位置。

⑧引导中班幼儿知道地上有水时，要及时告知教师；指导大班幼儿尝试清理地面，保持地面干燥。

⑨提醒幼儿及时用毛巾擦拭嘴上的水迹或更换被洒湿的衣服。

⑩引导幼儿讨论、制定饮水规则，使幼儿愿意遵守饮水规则，使幼儿逐步养成在"最佳饮水时机"及时饮水的习惯。

⑪与家长充分沟通，以保证幼儿在"最佳饮水时机"适量饮水。

2）幼儿良好饮水习惯的培养

合理的饮水量能促进幼儿身体健康和发育，为了保证幼儿每天的饮水量，教师和家长可以从以下几个方面培养幼儿的饮水习惯。

（1）教师加强对幼儿饮水环节常规的培养

提醒幼儿饮水前洗手，安全有序地取水杯接水，喝完水把杯子放到自己的格子里，杯口要朝上。幼儿在饮水时，提醒他们不要玩水杯，以免把水洒落在身上、桌面上、地面上，要一口一口慢慢地喝，不要说话，不要边走边喝。另外，餐前、餐后半小时少饮水，剧烈运动后稍做休息再饮水。

（2）教师要细心观察、了解和及时掌握不同幼儿的具体情况

班级中哪些幼儿贪玩、哪些幼儿动作缓慢、哪些幼儿不爱喝水、哪些幼儿知道渴了要喝水、谁不爱说话及每位幼儿的身体健康情况等，真正做到心中有数，有针对性地照顾好每个幼儿。在幼儿饮水时，教师可以自己也端一杯水与幼儿一起喝，为幼儿树立榜样，在老师的带动下，幼儿饮水的积极性也会提高。

（3）教师还可以利用故事、儿歌的形式培养幼儿饮水习惯

在日常生活中，不论教师如何提醒幼儿去饮水，有的幼儿只是为了完成老师布置的任务喝一点点就算喝水了，没有达到喝水的目的。因此，教师在组织幼儿游戏活动时，有目的地安排一些跟饮水相关的故事或儿歌，来培养幼儿饮水的习惯。通过讲故事、唱儿歌让幼儿了解喝水的重要性，知道自己该喝多少水，水喝少了会造成身体哪些部位不舒服等健康小常识。

（4）注意培养幼儿定时饮水和随渴随喝的习惯

在幼儿一日生活流程中安排幼儿饮水的固定时间。例如，集中活动后喝一次、户外活动后喝一次、午睡起床后喝一次等。同时，除了培养幼儿定时饮水的习惯，还要培养幼儿随渴随喝的习惯。老师应根据气候和活动情况的变化，照顾幼儿的个体差异，在幼儿游戏活动中有针对性地提醒他们随渴随喝。

（5）加强家园共育，共同培养幼儿良好的饮水习惯

培养幼儿良好的饮水习惯，仅仅依靠教师在幼儿园的教育是不够的，还需要教师与家长沟通，争取得到他们的支持与配合，请家长在家中也引导幼儿喝白开水。教师可利用各种机会引导家长了解有关饮水的常识，如早上幼儿起床后定时喝一定量的温度适宜的白开水，切记不能用饮料来代替白开水给幼儿补充水分。教师可以把幼儿在园饮水的情况用表格的形式反馈给家长，让家长清楚地了解幼儿在幼儿园的饮水量。还可以利用家园联系栏和家长会等形式向家长宣传，逐步转变家长的一些错误观念，帮助家长树立正确的健康意识。

**知识驿站**

### 幼儿经常喝饮料的危害

**1.脂肪过多，引起肥胖**

大多数饮料含有大量白砂糖、糖浆及各种食品添加剂。尤其是碳酸饮料，过多的糖分会引起肥胖，既不利于幼儿的身体健康，又会导致其产生自卑心理。

**2.牙齿变得脆弱**

经常饮用糖分过多的饮料，会腐蚀幼儿的牙齿。牙齿主要由钙等物质组成，被饮料"腐蚀"后会产生化学反应。一方面，幼儿的牙齿会变得愈加脆弱，甚至出现蛀牙；另一方面，也会导致幼儿体内钙的流失。

**3.有肾结石的隐患**

如果经常饮用饮料，饮料中的过量糖分会减少身体对钙、钾的吸收。同时提高了对蔗糖的吸收，容易为肾结石留下隐患。

**4.间接导致营养不良**

在本该进食的时间段，幼儿食欲大幅下降。每天无法补充身体所需的营养，会逐渐导致营养不良。长期饮用饮料，甚至会提高糖尿病、高血糖的患病风险。

3）引导幼儿饮水的方法

幼儿正处于快速生长发育的关键阶段，他们的新陈代谢比较旺盛，所以幼儿每天需要的水分也相对较多。教师可以根据幼儿的年龄特点用多种方法引导幼儿饮水，保证他们身体对水分的需要量。

（1）拟人游戏法

喜欢玩游戏是每个幼儿的天性，教师可以利用幼儿的这个天性，把一些适合的小游戏贯穿在饮水环节中，吸引那些不爱喝水的幼儿爱上喝水，而且还会让幼儿的饮水行为从被动变为主动。幼儿年龄越小，游戏氛围的营造就越重要。小班幼儿的一日活动为游戏所贯穿，教师可以把游戏中的情境或人物延伸到饮水环节。例如，教师可以带领幼儿做手指游戏，利用手指变成各种小动物或植物，等游戏结束后，教师可以这样引导幼儿："我们的花朵想开得更大更漂亮，就需要我们为它浇水了！"然后，自然地引入饮水环节。

（2）文学作品法

教师可以利用优秀的婴幼儿文学作品来引导幼儿饮水。教师可以利用相关的文学作品为幼儿营造饮水的氛围。比如，可以利用儿歌"小水滴"引起幼儿的饮水兴趣，激发幼儿的饮水愿望。除儿歌之外，教师还可以利用相关的故事来对幼儿进行饮水方面的引导。

《小水滴》

小水桶，大肚皮，里面藏着小水滴。

小水滴，别着急，宝宝马上来接你。

咕嘟嘟，咕嘟嘟，水滴跑进肚子里。

**📕故事分享**

《小水滴旅行记》

大海妈妈有许多调皮可爱的水滴宝宝。有一天，小水滴们对大海妈妈说："妈妈，我们想去旅行，鱼姐姐说，外面的世界可精彩了。"大海妈妈笑了笑，指着太阳说："好！太阳公公会帮你们忙的。"太阳公公听到了，说："小水滴们，快来吧，我带你们旅行去。"这时，小水滴感到自己轻轻飘起来，它们变成了水汽向空中飞去。飞呀飞，飞到了云妈妈的身边，云妈妈说："孩子们，快到我的怀里来，让我带你们去旅行。"小水滴飞到了云妈妈的怀里，云妈妈一下子变胖了。云妈妈带着小水滴到处旅行，小水滴看到了茂密的森林、可爱的动物、美丽的城市等。最后，小水滴来到了北极，北极好冷啊！小水滴不禁哆嗦起来，一阵大风吹来，小水滴从云妈妈的身上掉了下来。寒冷的风让它们变成了雪花，一片一片地落到了北冰洋。"好冷啊，我们想回家。"于是，小水滴顺着北冰洋一路游去，游了好久好久，才回到了家。"妈妈，妈妈，我们旅游回来了。"它们高兴地向妈妈讲起了旅游的见闻。

（3）环境提示法

班级教师还可以利用创设教室环境来引导幼儿多喝水。幼儿的年龄不同，环境创设的内容也应有所不同。比如，在饮水区，教师把饮水桶或饮水机装饰成奶牛的样子，幼儿接水的时候就像在给奶牛挤奶，这样的环境比较适合小班的幼儿；对于中、大班，教师可以在饮水区张贴一些图片来展示饮水对身体的好处。教师还可以在卫生间的墙上张贴一些不同颜色的小便的图片，把它们作为饮水的提示图。例如，在幼儿小便时引导他们观察自己小便的颜色，并对照提示图中对应的颜色引导幼儿适量地饮水。

（4）记录监督法

班级教师可以制作一个表格，用来记录幼儿一天的饮水情况，也可以在班级的一些墙饰上留些空白区域，然后制作一些带有黏性的卡片或者花瓣等，让幼儿利用这些记录下自己每天饮水的次数和饮水量。这种方法适合中、大班的幼儿。根据幼儿记录水平的不同，教师也可以引导幼儿选择多种记录形式。刚开始可以选用插卡记录或贴画记录的方法，这种方法比较好操作，幼儿容易掌握。随着幼儿年龄的增长和记录水平的进步，可以引导他们用画图表和填表格的记录方法，这种方法有利于幼儿了解自己近期（一周）的饮水情况，每天还可以做对比。

（5）增添味道法

幼儿园为了幼儿的健康，一般只提供白开水，不提倡幼儿经常饮用饮料或用饮料代替白开水。但是，幼儿园除了为幼儿提供没有味道的白开水，也可以根据季节的特殊性，如在干燥的秋季和冬季，为幼儿添加水果茶或花草茶，与白开水交替提供给幼儿饮用。用山楂片、菊花、柠檬片泡的水都是不错的选择。把泡好的水果茶倒入凉杯，让幼儿自己倒茶喝茶，幼儿品尝的兴趣浓厚，也增添了饮水的乐趣。

（6）鼓励表扬法

鼓励表扬法一般与记录监督法同时使用效果较好，是指根据幼儿的饮水记录进行表扬，树立榜样，以保持幼儿自觉饮水的行为。但是要注意，有些幼儿可能为了得到表扬，有时没有饮水也记录或多记录，所以教师要结合自己或其他小朋友的观察与监督搭配使用鼓励表扬法。

（7）经验交流法

教师可以以"你爱喝水吗？"为主题展开讨论，引导幼儿说说自己喜欢喝水或不喜欢喝水的原因，以及将不爱喝水的后果等经验与大家分享，总结要多喝白开水才能身体健康。这些活动的开展能使幼儿产生初步的自我服务意识，可以很好地引导幼儿养成自觉的饮水习惯。

（8）教师榜样法

在一天的活动中，教师也是要饮水的，教师的饮水行为会直接地影响幼儿。所以，教师要为幼儿树立榜样。和幼儿一起饮水、和幼儿一起做饮水记录等，这些方式都会对幼儿饮水产生积极的影响。

（9）家园合作法

有些幼儿不爱喝水与在家中的生活方式有关。比如，幼儿在家中习惯了喝饮料、果汁，不经常喝白开水；还有的家长用幼儿喜欢的饮料来代替白开水。所以，教师应了解幼儿在家中的饮水情况，让家长引导幼儿多喝白开水。

## 四、课证融通

幼儿园教师资格考试"保教知识与能力"科目关于本模块内容的考查和例题见表5-7，需要着重学习和思考。

表5-7 幼儿园教师资格考试"保教知识与能力"科目关于本模块内容的考查和例题

| 幼儿园教师资格考试"保教知识与能力"科目 |
| --- |
| 考试目标：掌握幼儿生活指导的基础知识与能力；掌握幼儿园一日生活和幼儿卫生、保健、营养、安全等方面的基本知识，并在实践中应用。<br>考试内容与要求：<br>了解幼儿卫生保健常规、疾病预防、营养等方面的基本知识。 |
| 上课时，个别幼儿喊口渴想喝水，教师的正确做法是（　　）。<br>A.立即让幼儿离座去喝水<br>B.让幼儿坚持到下课<br>C.批评后再让其喝水<br>D.停止教育活动，敦促所有幼儿喝水 |

## 五、阅读思享

推荐阅读：

刘奔，《大家来喝水！》，中国中福会出版社，2020年出版。

推荐理由：

《大家来喝水！》一书的作者从草原上的动物们来到水塘边喝水这个小角度，让孩子们了解自然界中的动物们对水的珍惜和喜爱，知道作为万物之源的水的重要性，从而更懂得珍惜水资源，还贴合了当下环保的理念。

# 模块六 午睡环节

## 一、岗位能力模型

午睡环节岗位能力模型见表6-1。

表6-1　午睡环节岗位能力模型

| 模块 | 岗位能力描述 | 《幼儿园保育教育质量评估指标》 |
|---|---|---|
| 午睡环节 | 　　幼儿园的午睡环节相对于一日生活中的其他环节，时间较长，环境安静，它是幼儿一日生活不可或缺的重要环节。午睡能帮助幼儿缓解疲劳，促进幼儿身体成长和发育。教师要了解午睡对于幼儿的价值和意义，还要掌握午睡环节的组织流程和常规要求，能根据不同年龄段幼儿应达到的目标要求，利用午睡环节的教育机会培养幼儿的生活自理能力。教师还应该熟练掌握午睡值班的工作内容和巡视巡查的重点，确保幼儿午睡期间的安全 | 　　A2.保育与安全<br>　　B5.生活照料<br>　　12.帮助幼儿建立合理的生活常规，引导幼儿根据需要自主饮水、盥洗、如厕、增减衣物等，养成良好的生活卫生习惯。<br>　　13.指导幼儿进行餐前准备、餐后清洁、图画书与玩具整理等自我服务，引导幼儿养成劳动习惯，增强环保意识、集体责任感 |

## 二、知识点与技能点

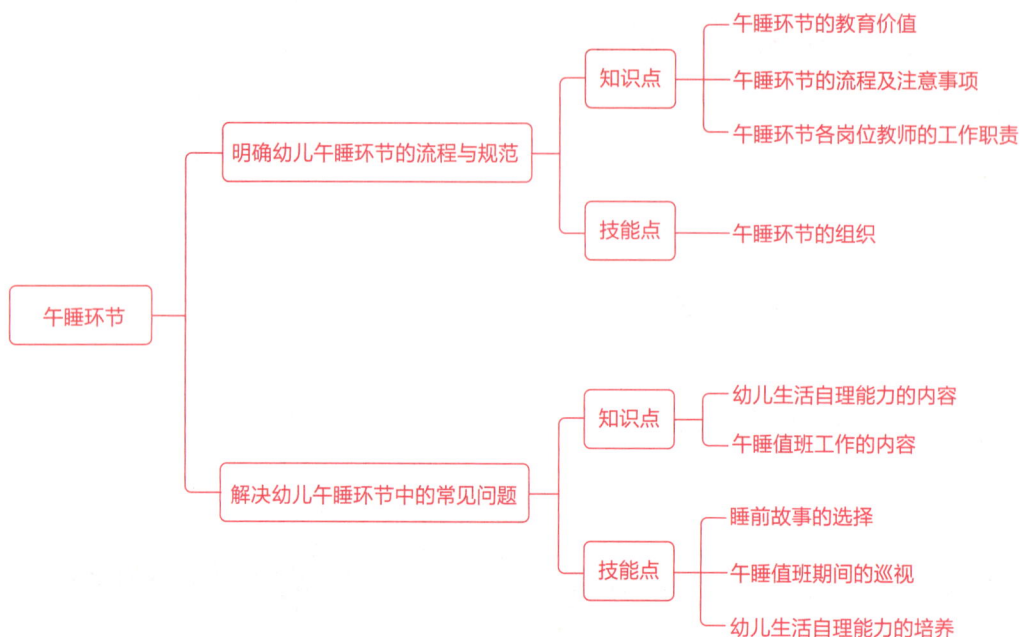

```
                                          ┌─ 午睡环节的教育价值
                              ┌─ 知识点 ──┼─ 午睡环节的流程及注意事项
                              │           └─ 午睡环节各岗位教师的工作职责
          明确幼儿午睡环节的流程与规范
                              │
                              └─ 技能点 ──── 午睡环节的组织
午睡环节
                              ┌─ 知识点 ──┬─ 幼儿生活自理能力的内容
                              │           └─ 午睡值班工作的内容
          解决幼儿午睡环节中的常见问题
                              │           ┌─ 睡前故事的选择
                              └─ 技能点 ──┼─ 午睡值班期间的巡视
                                          └─ 幼儿生活自理能力的培养
```

**思政目标**

1.通过幼儿午睡环节的学习，帮助学生树立对幼儿健康的正确认识，重视幼儿生活自理能力的培养。

2.结合幼儿午睡环节的组织与开展，培养学生对幼儿的细心和耐心，树立热爱幼儿、尊重幼儿的教师观。

# 三、工作任务

## 任务一　明确幼儿午睡环节的流程与规范

### 1.任务描述

中三班的主班张老师和配班赵老师正在组织散完步的小朋友们小便和换拖鞋。在小朋友们散步的时候，保育员曹老师在赵老师的帮助下，已经把小朋友们的小床摆放好了，还拉好了窗帘。张老师组织换好拖鞋的小朋友陆续回到睡眠室，他们坐在小椅子上脱衣服准备上床午睡。张老师提醒女孩子们轻轻地把头发散开，然后将头绳和发卡放在小编织筐里。在小朋友们都上床以后，张老师给他们讲了一个有趣的睡前故事，还告诉小朋友们一定要香香地睡午觉，这样下午才会有精神。乐乐对张老师说："我妈妈是医生，她说睡午觉能变聪明，还能长高高呢。"小朋友们听了乐乐的话，表示都想变聪明和长高高。在轻柔的睡眠曲中，小朋友们逐渐安静了下来，慢慢地进入了梦乡。

（1）结合案例和《乐美说午睡》，你觉得午睡对于幼儿来说有什么重要意义呢？通过案例，你觉得午睡环节有哪些流程和注意事项？（完成工作表单1）

（2）案例中的各岗位教师在幼儿午睡环节都做了哪些工作？各岗位教师在此环节的工作职责还有哪些？（完成工作表单2）

扫码观看数字教学资源《乐美说午睡》，结合案例以小组为单位完成工作表单。

本任务课件

乐美说午睡

## 2.工作表单

工作表单1和工作表单2分别见表6-2和表6-3。

表6-2　工作表单1

| 工作表单1 | 午睡环节的流程及注意事项 | 姓　名 | | 学　号 | |
|---|---|---|---|---|---|
| | | 评分人 | | 评　分 | |

1.结合案例和《乐美说午睡》，你觉得午睡环节有哪些教育价值呢？案例体现了午睡环节的哪些教育价值？请把序号填在（　　　　　　　　　　　）。

（1）幼儿愿意在幼儿园午睡，对班级教师、同伴产生亲近感。

（2）幼儿午睡后精神饱满并能感受体力恢复给身体带来的舒适感和放松感。

（3）通过午睡环节培养幼儿的自我服务技能，让幼儿体验自我服务的成功感。

（4）能够培养幼儿安静、自主入睡的良好午睡习惯。

2.结合案例，你认为午睡环节有哪些流程和注意事项呢？

我认为午睡环节的流程有＿＿＿＿＿＿、午睡中、＿＿＿＿＿＿。

午睡环节的注意事项：
（1）早晨要对睡眠室开窗通风，午睡前＿＿＿＿＿＿分钟＿＿＿＿窗户、铺床等。

（2）巡视照顾入睡困难、有特殊需要的幼儿。

（3）保持睡眠环境空气流通，根据＿＿＿＿＿＿及时增减被褥。

（4）保持被褥＿＿＿＿＿，床单、被罩冬季每月清洗＿＿＿＿＿，夏季每月清洗＿＿＿＿＿，凉席每天擦拭，被褥每月晒一次。

（5）睡眠室地面每天＿＿＿＿＿＿。

表6-3 工作表单2

| 工作表单2 | 午睡环节各岗位教师的职责 | 姓 名 | | 学 号 | |
|---|---|---|---|---|---|
| | | 评分人 | | 评 分 | |

1.案例中的中三班各岗位教师在幼儿午睡环节都做了哪些工作?

主班教师:

配班教师:

保育员:

2.各岗位教师在此环节的主要工作内容还有哪些?

主班教师和配班教师:

(1)睡前播放轻音乐;

(2)引导幼儿分清_____,自己整理好床铺并上床;

(3)检查幼儿上床前有无把_____带上床;

(4)清查人数,填写《交接班本》;

(5)纠正幼儿_____及习惯;

(6)午睡值班时不得离开睡眠室,不得躺在幼儿床上睡觉;

(7)午检,观察幼儿的精神状态;

(8)幼儿全部入睡后,教师可备课或制作玩教具;

(9)教会幼儿_____;

(10)检查幼儿的衣服是否穿好,帮助整理,帮幼儿梳头。

保育员:

(1)整理清扫桌面、地面、卫生间等公共卫生,注意使用消毒液;

(2)做好交接、告知后离班,午餐;

(3)餐后整理(清洁餐后活动室、送餐用具及清洗擦嘴毛巾);

(4)午睡前根据季节和天气变化_____;

(5)调节好睡眠室温度,酌情开空调;

(6)清洗水杯:用洗洁剂彻底清洗水杯,保证无_____、无_____、无_____,擦干净后放入消毒柜内进行消毒;

(7)消毒毛巾:将清洗晒干的毛巾分别放入指定的消毒层内进行消毒;

(8)将消毒好的水杯按学号摆放到水杯架上。

3.反思评价

（1）通过本任务的学习，你对幼儿午睡环节有什么新的认识吗？有的幼儿不午睡，教师该如何处理呢？

课堂活动参与度　☆　☆　☆　☆　☆

小组活动贡献度　☆　☆　☆　☆　☆

学习内容接受度　☆　☆　☆　☆　☆

（2）请你对自己在本次任务中的学习情况进行评价。

4.学习支持

苏联教育学家苏霍姆林斯基说："关心儿童的健康，是教育者最重要的工作。儿童的精神生活、世界观、智力发展、知识的巩固性、对自己力量的信心，都取决于他的生命的活力和精力充沛的程度。"而睡眠也是影响幼儿健康成长的因素之一。作为幼儿园制度之一的午睡，是保证幼儿有充足的睡眠，利于幼儿健康成长的措施之一。我们需要了解午睡对幼儿的价值，这样才能正确看待午睡的意义。为了提高幼儿的午睡质量，需要班级教师掌握幼儿午睡的组织方法，能够有效指导午睡过程中出现问题的幼儿顺利进入午睡状态，以及解决午睡过程中的一些问题。

**政策法规**

《3~6岁儿童学习与发展指南》中关于健康部分的教育建议指出："保证幼儿每天睡11~12个小时，其中午睡一般应达到2小时左右。午睡时间可根据幼儿的年龄、季节的变化和个体差异适当减少。"

1）午睡环节的教育价值

午睡环节和幼儿园一日生活中的其他环节相比，具有时间长、环境安静的特点。从医学保健角度来说，首先，幼儿进入睡眠状态以后，呼吸变得深长，心跳速度也降了下来，全身肌肉得到放松，体力和精神也逐渐得到恢复。其次，幼儿期是幼儿身体生长发育非常迅速的时期，睡眠状态下的内分泌系统释放的生长激素比平时增加了3倍。因此，睡眠直接影响幼儿的生长发育、身体健康、学习状况等。从幼儿独立成长的角度来说，幼儿独立入睡及午睡环节独立穿脱、整理衣物，不仅能促进幼儿手眼协调、精细动作的发展，还能培养幼儿的生活自理能力，帮助他们逐渐形成自我服务意识，获得成功感的体验。

部分幼儿教师对午睡环节的价值认识只是停留在表面，认为幼儿只要能用正确的睡姿尽快入睡并保证睡眠时间即可。对于午睡的教育价值很少进行深入的思考，午睡前后的组织往往比较随意。

综合考虑，午睡环节的教育价值有以下四个方面：

①幼儿愿意在幼儿园午睡，对班级教师、同伴产生亲近感。

②幼儿午睡后精神饱满并能感受体力恢复给身体带来的舒适感和放松感。

③通过午睡环节培养幼儿的自我服务技能，让幼儿体验自我服务的成功感。

④能够培养幼儿安静、自主入睡的良好午睡习惯。

知识驿站

儿科专家表示：儿童在睡眠状态时，身体的各部位和脑部系统都在放松，身体的能量消耗也相对比较少，有助于消除疲劳。除此之外，儿童在睡眠状态下，内分泌系统释放的生长激素比平时增加3倍。因此，儿童睡眠的质量如何，直接影响着他们的生长发育和身体健康及学习进步等。所以，儿童在幼儿园每天中午的睡眠要在1~2小时，这样有利于儿童的成长发育。

2）幼儿园午睡环节各岗位教师的工作职责

（1）午睡前

①睡前准备。

午睡前保育员为幼儿营造午睡环境，铺好床铺，拉下窗帘。教师还要提醒幼儿午睡前不做剧烈运动。

②换鞋。

餐后活动结束后主班教师组织全体幼儿搬椅子，配班教师组织幼儿拿拖鞋，保育员进行餐后整理工作。

③脱外衣。

主班教师、配班教师指导幼儿脱外衣并叠放整齐后放在固定位置，安静上床，不影响他人。主班教师组织脱完外衣的幼儿上床睡觉，配班教师组织零散幼儿进行活动和准备入睡。

### 生活小技巧

1.脱衣服

①脱套头衫：先把衣服往上提，抓住袖口缩胳膊，先缩左胳膊，再缩右胳膊，提住领子露出头，我的衣服就脱好了。

②脱开衫：拉链扣子解一解，我把小手藏起来，一手拉着衣袖拽，再拽一下脱下来。

2.脱裤子

①脱松紧腰的裤子：先把裤腰往下拉，左脚钻出小洞洞，右脚钻出小洞洞，我的裤子脱好了。

②脱带拉链、扣子的裤子：拉链扣子解一解，双脚钻出洞洞来。

3.脱鞋子

脱有绳的鞋子：解开小绳子，用手握住鞋后跟，用力往下拉，脚就出来啦。

④上床前。

教师与幼儿进行一一拥抱，并说："午安，好梦。"检查幼儿是否带物品上床。

（2）午睡中

①巡视。

午睡值班教师来回巡视，为幼儿盖好被子，纠正幼儿不良睡姿，随时观察幼儿有无异常现象。

②幼儿个别化指导。

教师要注意安抚入睡困难的幼儿，根据幼儿的不同情况进行个别指导。另外，当幼儿出现惊厥、腹痛等紧急状况时，<u>应立即采取恰当的方式进行处理</u>。

（3）午睡后

①起床。

主班教师组织幼儿自己穿衣、裤、鞋、袜。保育员和配班教师帮助、指导幼儿穿衣服（大班幼儿自己穿）。穿衣顺序：先穿上衣，再穿袜子和裤子，最后穿鞋。

### 生活小技巧

1.穿衣服

①穿开衫：抓领子，盖房子。小老鼠，钻洞子。左钻钻，右钻钻。吱吱吱，扣扣子。

②穿套头衫：一件衣服三个洞，先把脑袋伸进大洞口，再把手臂伸进两边小洞洞，拉直衣服就完工。

2.穿裤子

①穿松紧腰裤子：左边一列火车钻山洞，右边一列火车钻山洞。呜——两列火车顺利过山洞，裤子穿好了！

②穿带拉链、扣子的裤子：拉链、扣子朝前面，拉紧裤腰；喊着口号，两脚赛跑；两条跑道，别找错了，伸出裤腿，露出小脚；终点到了，提裤站好；拉上拉链、扣上扣子。

3.穿鞋子

①穿无绳的鞋子：小脚伸进鞋洞里，用手拉上鞋后跟，贴上小耳朵，鞋子穿好了。

②穿有绳的鞋子：小脚伸进鞋洞里，用手拉上鞋后跟，系上小绳子，鞋子穿好了。

②午检。

主班教师检查幼儿衣服是否整理好，有无穿错现象；观察幼儿面色及精神状态，看是否有身体不适情况；帮助女孩梳头。保育员整理床铺和被褥。

3）午睡环节对幼儿的常规要求

午睡是幼儿园一日生活中不可或缺的重要环节，它对幼儿的成长有着非常重要的价值。教师要充分开发午睡环节所蕴含的教育价值，首先要明确午睡过程中不同年龄段幼儿应达到的目标要求和具体内容，抓住睡前、睡中、睡后潜在的教育价值，采用温馨有趣的指导策略，充分发挥午睡环节在幼儿自身成长和发展中的特殊作用，让幼儿在这个环节中知道自己应该达到的要求，不断提高幼儿的生活自理能力。午睡环节对幼儿的常规要求一般包含以下几个方面：

①喜欢在幼儿园午睡，能独立入睡。

②懂得午睡对身体有益，养成按时午睡的习惯。

③做好情绪、如厕、物品等方面的睡前准备。

④知道脱衣入睡舒服，能正确穿脱衣服、鞋袜。

⑤入睡时盖好被子，避免着凉，保持安静，尽快入睡。

⑥知道正确的睡姿有益健康，入睡时能保持睡姿正确。

⑦睡醒后不打扰同伴。

⑧有便意、身体不适或发现同伴有异常情况时及时告诉教师。

⑨按时起床，不拖拉、不等待，学习整理床铺。

4）午睡环节的注意事项

幼儿的午睡情况一直是家长关心的事情之一，同样也是幼儿园与幼儿教师面临的难题。幼儿时期是幼儿身体发育的关键时期，良好的睡眠质量是保障幼儿身体发育与协调性发展的重要因素。午睡为幼儿提供了睡眠机会，午睡是幼儿健康发展的重要组成部分，午睡质量的好坏与幼儿的生长发育、健康成长及学习状态等有着十分紧密的联系。幼儿教师一定要正确认识午睡对幼儿生长发育的重要意义，利用科学的方法组织好幼儿的午睡环节，为幼儿午睡提供良好的条件。在幼儿午睡环节，教师要注意以下几个方面的事情：

①早晨要对睡眠室开窗通风，午睡前30~60分钟关闭窗户、整理好铺床等。

②巡视照顾入睡困难、有特殊需要的幼儿。

③保持睡眠环境空气流通，根据室内温度及时增减被褥。

④保持被褥清洁干燥，床单、被罩冬季每月清洗一次，夏季每月清洗两次，凉席每天擦拭，被褥每月晒一次。

⑤睡眠室地面每天清洁消毒。

### 任务二　解决幼儿午睡环节中的常见问题

#### 1.任务描述

小三班的睡眠室，刚入园的小朋友们在老师的指导下正在脱衣服准备午睡，而彤彤却在那里看着别人发呆。主班李教师问彤彤为什么不脱衣服，她看了看李老师把头低了下去，也不说话，眼里还泛着泪花。李老师摸着彤彤的头问："彤彤不哭，是不会脱衣服吗？没关系，老师教你。"

在李老师的帮助下，彤彤很快就脱好了衣服，还学着把衣服叠放在小椅子上。李老师为小朋友们读了绘本故事《睡不着的小兔子》，小朋友们听着李老师温柔的声音入睡了。李老师来回走动着，帮小朋友盖被子和调整睡姿。下午起床的时候，李老师还教彤彤穿衣服的方法。

离园时，李老师和彤彤的妈妈沟通了彤彤的情况。彤彤妈妈说："我和她爸爸都很忙，基本上都是由老人照顾彤彤，老人比较宠爱孩子，什么都舍不得让她自己动手。"

（1）通过案例，你觉得彤彤遇到了什么问题？这个问题形成的原因是什么？你认为应该从哪些方面帮助彤彤解决她遇到的问题？（完成工作表单1）

（2）根据案例，以小组为单位讨论教师在午睡环节值班时，有哪些工作职责？教师该如何进行睡前故事的选择？（完成工作表单2）

扫码观看数字教学资源《乐美说起床》，结合案例以小组为单位完成工作表单。

本任务课件

乐美说起床

## 2.工作表单

工作表单1和工作表单2分别见表6-4和表6-5。

表6-4　工作表单1

| 工作表单1 | 帮助彤彤解决她的问题 | 姓　名 | | 学　号 | |
|---|---|---|---|---|---|
| | | 评分人 | | 评　分 | |

1.通过案例，你觉得彤彤遇到了什么问题？这个问题形成的原因是什么？

通过案例，我觉得彤彤遇到的问题是＿＿＿＿＿＿＿＿＿＿＿＿＿＿＿＿＿＿＿＿＿

＿＿＿＿＿＿＿＿＿＿＿＿＿＿＿＿＿＿＿＿＿＿＿＿＿＿＿＿＿＿＿＿＿＿＿＿＿。

这个问题形成的原因是＿＿＿＿＿＿＿＿＿＿＿＿＿＿＿＿＿＿＿＿＿＿＿＿＿＿。

2.你认为应该从哪些方面帮助彤彤解决她遇到的问题？

| 1.信任幼儿，不要过多干涉 | 学习是一个过程 | 家长要信任幼儿，不要代劳 |
|---|---|---|
| 2.根据幼儿的年龄特点进行培养 | | |
| 3.教育和指导过程要耐心 | | |

表6-5 工作表单2

| 工作表单2 | 午睡环节值班的工作职责 | 姓 名 | | 学 号 | |
|---|---|---|---|---|---|
| | | 评分人 | | 评 分 | |

1.根据案例，小组讨论教师在午睡环节值班时，有哪些工作职责？

教师在午睡环节值班时有以下工作职责：

（1）午睡值班教师来回_____。

（2）为幼儿_____。

（3）_____幼儿不良睡姿。

（4）随时观察幼儿_____现象。

2.案例中李老师为小朋友们选择了什么睡前故事？教师该如何进行睡前故事的选择？

案例中李老师为小朋友们选择的睡前故事是《                    》。

教师进行睡前故事的选择和讲述时，应该做到以下几个方面：

（1）故事情节_____。

（2）内容_____。

（3）篇幅_____。

### 3.反思评价

（1）作为一名准幼儿教师，要想培养幼儿良好的生活自理能力，如何让自己先拥有良好的生活习惯呢？

_____

_____

_____

（2）请你对自己在本次任务中的学习情况进行评价。

课堂活动参与度　☆　☆　☆　☆　☆

小组活动贡献度　☆　☆　☆　☆　☆

学习内容接受度　☆　☆　☆　☆　☆

### 4.学习支持

1）幼儿生活自理能力的概念

幼儿生活自理能力包括幼儿自己穿脱衣物、收拾整理衣服、独立洗脸等。生活自理能力的形成，有助于培养幼儿的责任感、自信心及自己处理问题的能力，对幼儿今后的生活也会产生深远的影响。

**关键概念**

生活自理能力是指幼儿在日常生活中照料自己生活的、自我服务性劳动的能力，是一个人应具备的最基本的生活技能。

2）培养幼儿生活自理能力的方法

（1）榜样示范法

充分利用幼儿好模仿的心理特点，通过树立榜样，为幼儿示范良好的卫生习惯。成人的言行往往被幼儿看在眼里，记在心里，并落实在行动上。因此，教师要提高个人修养，为幼儿树立好榜样。同伴间的影响力对幼儿的发展也具有不可估量的作用。

教师要善于抓住日常生活中的点滴小事，把握好教育时机，让幼儿向同伴学习。文艺作品中的人物形象鲜明，能给幼儿留下深刻的印象，也会成为他们模仿的对象。

（2）渗透教育法

培养幼儿形成良好的生活习惯，不能一蹴而就，教师要有足够的耐心引导幼儿在一日生活各环节中，在参与课堂管理、为集体服务的活动中，在担任值日生、小组长、老师小帮手等角色中，逐渐形成良好的生活习惯。

（3）评价激励法

定期对幼儿的生活行为进行检查和评比，对于达到要求的幼儿，要及时给予肯定的评价，巩固其良好的生活习惯。

（4）成果欣赏法

这一方法是指组织幼儿进行生活方面的自我服务，并且组织幼儿观赏和评价自我服务的劳动成果，从中获得整洁的美感及由此带来的情绪体验。

（5）图示观察法

图示直观、形象、生动、有趣，符合幼儿年龄特点和认知水平，易引起幼儿注意，便于幼儿领会，便于幼儿记忆，能够更好地落实生活活动目标，帮助幼儿养成良好的生活习惯。

（6）游戏练习法

游戏练习法是让幼儿在生动有趣的活动中接受教育，快乐地学习，这样既符合幼儿的心理特点，又能取得良好的效果。教师可利用看图片、听故事和做游戏等形式来帮助幼儿掌握生活常规的要领，培养幼儿的生活自理能力。

（7）家园共育法

幼儿园每项活动的开展都不能完全脱离家庭，幼儿的良好习惯仅在幼儿园培养是远远不够的，还要得到家长的支持与配合。因此，教师应与家长多沟通，帮助家长建立正确的教育观念，与家长达成共识，使幼儿在幼儿园形成的行为习惯在家中得以延续和巩固。

3）午睡巡视制度

为保障幼儿充足的睡眠时间和养成良好的睡眠习惯，以促进幼儿身心健康成长，减少幼儿在午睡期间发生意外，幼儿园都会制定午睡巡视制度。一般情况下，主要内容会包括以下几个方面：

①教师在幼儿午睡期间要高度负责，严禁幼儿在床上乱蹦乱跳，培养幼儿安静入睡的好习惯。

②用多种亲和的方式督促幼儿入睡，半小时内入睡率应达到90%。

③加强巡视工作，特别是对体弱儿、病患儿的观察与照顾，若发现异常应及时处理。

④注意多尿的幼儿尿床，如有幼儿上厕所应提醒其披上外套。

⑤照顾幼儿午睡，值班人员不得打瞌睡、干私活，即使有工作上的事情需要处理也应在绝大多数幼儿已入睡后才可进行。

### 知识驿站

教师在幼儿午睡期间，要每隔30分钟对幼儿进行细致观察，看有无异常，并做好相关记录。

幼儿园午睡巡视记录表　　　　　班级_____

| 日期 | 幼儿人数 | 入睡率 | 值班教师 | 异常情况处理 | | |
| --- | --- | --- | --- | --- | --- | --- |
| | | | | 生病 | 尿床情况 | 其他 |
| | | | | | | |
| | | | | | | |
| | | | | | | |
| | | | | | | |
| | | | | | | |
| | | | | | | |
| | | | | | | |
| | | | | | | |
| | | | | | | |
| | | | | | | |
| | | | | | | |
| | | | | | | |
| | | | | | | |
| | | | | | | |

⑥值班期间，注意幼儿的午睡姿势（不蒙头、不俯卧、不咬被角、不吸吮手指等），盖好被子。

⑦幼儿午睡期间，教师要每隔半小时对幼儿进行细致观察，看看有无异常，并做好记录。

⑧午睡时保持安静，保证时间，按时起床，指导和帮助幼儿穿好衣服、叠好被子等。

⑨幼儿午睡期间，值班人员要做到"一听""二看""三摸""四做"。

一听：听听幼儿的呼吸是否正常；

二看：看看幼儿的神态，严密注视幼儿的举动有无异常，发现问题及时处理；

三摸：摸摸幼儿额头的温度；

四做：对个别踢被子的幼儿要亲自为其盖好被子。

4）幼儿睡前故事的选择

在幼儿园的午睡环节中，给幼儿讲睡前故事不但能培养他们按时午睡的习惯，同时还能丰富幼儿的生活经验，提高幼儿的语言表达及语言组织能力等。为了让幼儿安静、愉快地入睡，在选择故事的时候要掌握以下要点：

①选择情节简单的故事。

②选择内容轻松愉快的故事。

③选择篇幅短小的故事。

题材过于现实，或情节过于紧张、情绪过于强烈、画面过于喧闹的故事不适合睡前讲述。因为这样的故事会使幼儿思维活跃、情绪亢奋，不利于静心睡眠。一定要避免讲一些刺激性的故事，否则容易引起幼儿大脑神经和情绪的兴奋，剧情太过夸张也容易引发幼儿对故事情节进行讨论。

> **想 一 想**
>
> 请你为小班、中班、大班的幼儿各挑选一个适合的睡前故事，并说明自己的挑选理由。

5）午睡意外情况的处理

由于幼儿年龄较小，缺乏生活经验，对周围任何事情都好奇，一些幼儿在幼儿园总是不愿意午睡，所以幼儿在午睡过程中就可能出现意外情况。

（1）异物

①鼻腔异物。

午休时，常有一些入睡困难的幼儿，趁教师不注意，把小纸团、被子里的棉花、小珠子、豆粒、果核等物品放入鼻孔，时间长了就会引起鼻塞、发炎等症状。

预防及处理方法有以下几种。

a.检查。上床前值班教师逐一检查幼儿是否因为好玩而携带了以上物品，告知幼儿把这些物品放入鼻腔会引发危险。

b.加强巡视。及时发现就能避免危险发生。

c.紧急处理。如果发现幼儿将异物塞进鼻孔，应立即用手按紧幼儿无异物的鼻孔，让幼儿用力擤鼻子，将异物排出鼻腔。例如，卫生纸、纸片之类物品进入鼻腔位置较浅时，保健医生可以用镊子夹出，但是如果是圆形的小珠子、豆类，用镊子不但夹不出来，还会使其越陷越深，甚至有可能落入气管引发危险，这时必须送幼儿去医院，让医生使用专门取异物的工具取出。

②外耳道异物。

有时幼儿还会把一些小物品放入耳朵里，如果是卫生纸、纸片等，可以用镊子轻轻拨出；如果是豆类，可以让幼儿把身体弯向有异物的一侧，然后单脚跳跃，异物可被排出；如果是昆虫入耳，可用灯光对着外耳道口，引诱昆虫爬出。切记不能用尖锐的物品向深处挖异物，以免伤害耳道。

③喉、气管异物。

如果幼儿睡觉时将豆类、玻璃球或纽扣等含在嘴里，有可能会落入喉部、气管，这就要求教师在午休时加强检查、巡视，不能掉以轻心。

呼吸道存在异物有以下几个表现：呛咳、脸色发紫、不能说话、不能呼吸、双眼流泪等。

处理方法有以下两种：

a.迅速将幼儿抱起，使其头低脚高，用力拍其背部，可将喉部的异物咳出。

b.迅速从后方按住幼儿的腰部，用大拇指的背部顶住幼儿的上腹部，间断地向上、向后冲击性地推压，促使横膈肌压迫肺，产生气流，将气管里的异物冲出，无效时必须速送医院急救。

（2）高热惊厥

高热惊厥易发于6个月~3岁的婴幼儿，多发生在呼吸道感染时。高热惊厥的发作主要是因为小儿神经系统发育不成熟，加之感染发热而形成的。

①高热惊厥的特点。

a.幼儿在体温达到38.5℃以上，特别是39℃以上时，突然出现抽搐现象，这就是发生了高热惊厥。惊厥多为全身性，突然发作，意识丧失，双眼球固定、上翻或斜视，头后仰，四肢抽动或呈强直状，口角或面肌也抽动，面色青紫或苍白。高热惊厥的持续时间短，一般少于10分钟。

b.惊厥均发生在高热开始的24小时内，特别是12小时内体温骤升时。

c.惊厥后意识恢复快。

d.有高热惊厥史或家族中有高热惊厥史，惊厥最多发生1次，退热后不再发作。

②幼儿高热惊厥的紧急处理。

a.用拇指按压人中、百会、合谷等穴位。

b.积极降温。松解衣被，用毛巾蘸冷水擦拭（颈侧、腋窝、大腿根部）。

c.解开衣领，保持呼吸道通畅。让幼儿保持侧卧体位，以防呕吐物及分泌物吸入导致窒息，这是幼儿发生惊厥时最需要注意的。

**聚焦职场**

　　除了异物和高热惊厥之外，你觉得幼儿在午睡期间还有可能发生什么意外情况？针对这些意外情况有什么处理方式呢？

d.幼儿尚未牙关紧闭时，用手帕、布垫折成条或裹勺柄置于上下牙之间，以防其咬伤舌头。

e.经过简单的紧急处理后，立即送往医院诊治。

高热惊厥常能自动缓解，最重要的是教师及时地防止幼儿因呕吐物吸入呼吸道而引起窒息。另外，不能强行将幼儿发生痉挛的肢体伸展，以防发生骨折。教师应加强晨检，及时了解幼儿的身体状况，午休时加强巡视，注意患有呼吸道疾病幼儿的精神状态，及时发现幼儿的发热迹象是避免此病的关键。

## 四、课证融通

幼儿园教师资格考试"保教知识与能力"科目关于本模块内容的考查及例题见表6-6，需要着重学习和思考。

**表6-6　幼儿园教师资格考试"保教知识与能力"科目关于本模块内容的考查及例题**

| 幼儿园教师资格考试"保教知识与能力"科目 |
| --- |
| 　　考试目标：掌握幼儿生活指导的基础知识与能力；掌握幼儿园一日生活和幼儿卫生、保健、营养、安全等方面的基本知识，并在实践中应用。<br>　　考试内容与要求：<br>　　了解幼儿卫生保健常规、疾病预防、营养等方面的基本知识。 |
| 　　材料分析题（2014年下半年教师资格证考试幼儿综合素质真题）。<br>　　东东有一双系鞋带的鞋子，他非常喜欢，但自己不会系。午睡起床时，他怎么系也系不好鞋带，着急而又难过。华老师走上前安慰他："别着急！老师教你，你一定能学会的。"华老师边讲解边示范，教了几遍，但东东还是没学会。华老师知道这是因为东东性子急，观察不仔细。为了让东东掌握好系鞋带的步骤，华老师自编儿歌，将系鞋带的动作进行分解：第一步，把鞋带的两头拉得一样齐，边念儿歌边做动作，"两个线儿一样长，两个线头儿交个叉，后面线头往下钻。"第二步，打活结时，"一个圈，两个圈。换一换，钻一钻，一只蝴蝶飞起来。"这种具体形象的方法，让东东很快学会了系鞋带。华老师怕东东忘记，还将这些步骤用图画了出来。<br>　　请从教育观的角度，评价华老师的教育行为。 |

## 五、阅读思享

推荐阅读：

[法]马库斯·马尔特，《被子底下的故事》，吉林美术出版社，2019年出版。

推荐理由：

《被子底下的故事》共四册，它不仅仅是四个简单的睡前故事，故事中的每个动物更像是我们长大过程中珍贵的四种陪伴。小白熊千里迢迢来到"我"的身边，它的温暖守护像极了不辞辛劳而又无怨无悔的妈妈；大袋鼠多才多艺，吹拉弹唱举高高，简直就像那个无所不能的爸爸；小老鼠古灵精怪，我们一起玩耍，就像是身边一起长大的小伙伴；老乌龟年事已高，它慢吞吞可能跟不上我们玩耍的步伐，就像家里年迈的爷爷奶奶，我们需要更加细心地陪伴和照顾它。这是一套记叙非常温暖故事的绘本，文字优美，画风亲切，色彩明亮，配色高级有质感，是孩子们理想的美育绘本。

# 模块七  离园环节

## 一、岗位能力模型

离园环节岗位能力模型见表7-1。

表7-1　离园环节岗位能力模型

| 模块 | 岗位能力描述 | 《幼儿园教师专业标准（试行）》 | 《幼儿园教育指导纲要（试行）》 |
|---|---|---|---|
| 离园环节 | 离园环节是幼儿一日生活流程中的最后一个环节。它是家长们了解幼儿园的一个窗口。教师利用短暂的离园时光，可以帮助幼儿梳理一天的活动和收获，有计划地组织幼儿进行离园整理，包括情绪情感、仪容仪表和离园物品的整理等。这些对幼儿获得情感认知和情绪体验、提高自我服务技能都具有重要的意义。离园环节所涉及的工作非常烦琐，不但要求教师具备一定的组织和管理能力，还要求各位教师互相配合。另外，各位教师还要不断提高自己的沟通能力，掌握与家长进行有效沟通的技巧 | 见表1-1、2-1、3-1、4-1、5-1、6-1 | |

## 二、知识点与技能点

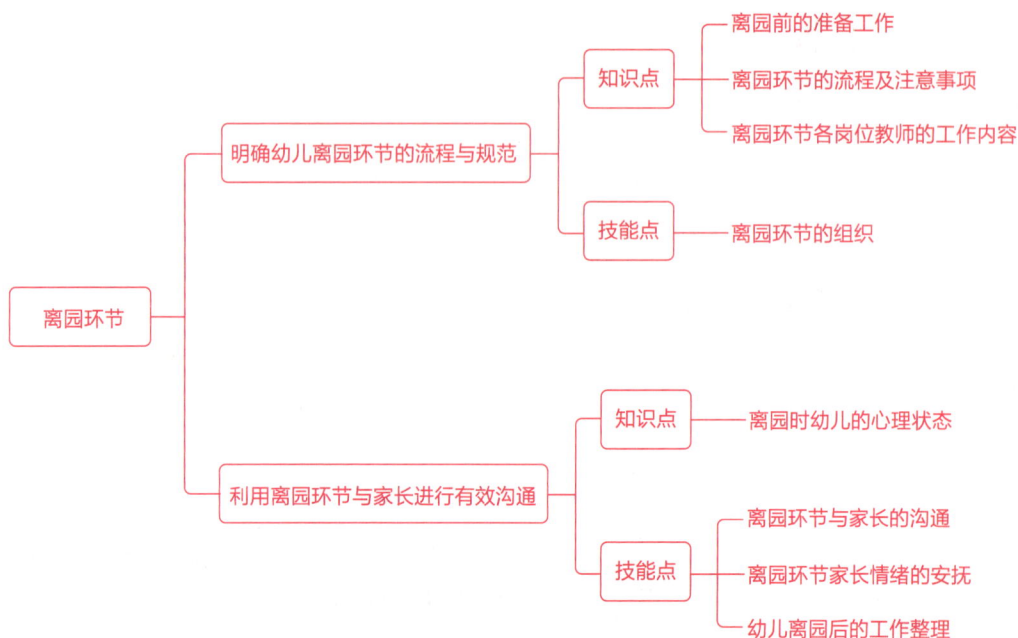

```
                                          ┌─────── 离园前的准备工作
                              ┌── 知识点 ──┼─────── 离园环节的流程及注意事项
                              │            └─────── 离园环节各岗位教师的工作内容
        明确幼儿离园环节的流程与规范 ─┤
                              │
                              └── 技能点 ──────── 离园环节的组织
离园环节 ─┤
                              ┌── 知识点 ──────── 离园时幼儿的心理状态
                              │
        利用离园环节与家长进行有效沟通 ─┤            ┌─────── 离园环节与家长的沟通
                              └── 技能点 ──┼─────── 离园环节家长情绪的安抚
                                          └─────── 幼儿离园后的工作整理
```

**思政目标**

1.通过离园环节的学习，帮助学生明确幼儿离园环节的教师职责与分工，增强团队合作的意识。

2.结合离园环节的组织与开展，引导学生学会与家长沟通及处理突发事件，提升教育智慧。

# 三、工作任务

## 任务一　明确幼儿离园环节的流程与规范

### 1.任务描述

离园时间快到了，虽然天气很冷，但是家长们早已在幼儿园门口排起了长队。中一班的小朋友在老师的带领下，有条不紊地进行着离园前的准备。主班杨老师正在组织一部分小朋友检查他们自己的仪表，配班曹老师和保育员刘老师正在组织另一部分小朋友如厕和盥洗。杨老师带领小朋友一起回忆了今天都做了什么活动，做了什么好玩的游戏，吃了什么好吃的饭菜。

快到中一班小朋友离园的时间了，老师组织小朋友们穿上自己的外套，戴上帽子和围巾，然后背上自己的小书包准备排队了。杨老师走在队伍的最前面，曹老师在队伍中间维持秩序，刘老师在队尾牵着比较活泼淘气的棒棒的手。他们还没有走到幼儿园门口的接送点，小朋友们一看到自己的家长就开始激动了，有的小朋友开始往门口冲，杨老师着急地跟家长说上一两句话后，就去管理还没有轮到家长接的小朋友。

（1）阅读案例并结合《乐美说离园》，你认为幼儿离园前的准备工作有哪些呢？结合案例，说一说离园环节的流程有哪些，需要注意哪些问题？幼儿在离园环节的心态是怎样的？（完成工作表单1）

（2）案例中在幼儿离园环节各岗位教师分别做了什么工作？想一想在离园环节各岗位教师还需要做好哪些工作？（完成工作表单2）

扫码观看数字教学资源《乐美说离园》，结合案例以小组为单位完成工作表单。

本任务课件　　乐美说离园

## 2.工作表单

工作表单1和工作表单2分别见表7-2和表7-3。

表7-2　工作表单1

| 工作表单1 | 离园环节的流程及注意事项 | 姓　名 | | 学　号 | |
|---|---|---|---|---|---|
| | | 评分人 | | 评　分 | |

1.结合案例，你认为幼儿离园前的准备工作有哪些呢？

主班教师：

（1）组织幼儿自选活动，提醒幼儿活动后整理玩具，并注意游戏安全。

（2）整理幼儿_____。

（3）提醒中班、大班第二天需要值日的幼儿来园时间和工作任务。

（4）对一天的生活、学习情况进行_____。

配班教师：

_____。

保育员：

（1）送餐具。

（2）协助主班教师检查并帮助幼儿将衣物穿戴整齐。

_____。

2.结合案例，说一说离园环节的流程有哪些，需要注意哪些问题？

离园环节的流程有_____

_____。

需要注意的问题有_____

_____。

3.想一想，幼儿在离园环节的心态是怎样的？

（1）_____。

（2）_____。

（3）_____。

表7-3　工作表单2

| 工作表单2 | 离园环节各岗位教师的工作职责 | 姓　名 | | 学　号 | |
|---|---|---|---|---|---|
| | | 评分人 | | 评　分 | |

1.案例中，离园环节各岗位教师分别做了哪些工作？

（1）主班教师：

（2）配班教师：

（3）保育员：

2.想一想在离园环节各岗位教师还需要做好哪些工作？

主班教师：

（1）热情接待家长，_____把每位幼儿送到家长手中。不出现幼儿自己离班、离园，被陌生人接走等现象。有陌生人接幼儿时，首先与家长_____，确实得到家长同意，并请陌生人在记录本上签字后，方可把幼儿交给陌生人，慎重对待有特殊家庭背景的幼儿离园。

（2）向家长介绍幼儿_____及需要家庭配合教育的事项。切忌不要告状！

配班教师：

（1）协助主班教师检查并帮助幼儿_____。

（2）组织幼儿并确保幼儿_____。

保育员：

主动与个别特殊幼儿家长交流当日该幼儿在园的一日生活，反馈护理情况，争取得到家长的理解、支持与配合。

**3.反思评价**

（1）幼儿园一日生活的安排是不是很紧凑，对此你有什么感想？

_____

_____

_____

（2）请你对自己在本次任务中的学习情况进行评价。

课堂活动参与度　☆　☆　☆　☆　☆

小组活动贡献度　☆　☆　☆　☆　☆

学习内容接受度　☆　☆　☆　☆　☆

**4.学习支持**

一般情况下，离园环节主要包括物品的整理和归位、幼儿等待、家长入园接幼儿、教师与家长交谈四个环节。有的幼儿园是室内离园，有的则是室外离园。室外离园需要教师带领幼儿到指定的区域进行离园，家长在幼儿园门口按照幼儿园要求的次序与指定的等待区域依次入园接幼儿。离园环节需要班级老师紧密配合，平稳有序而且安全地将幼儿交接到家长手中。

1）各岗位教师的工作内容

（1）离园前的准备

a.进餐结束后，主班教师和配班教师组织幼儿喝水、如厕、盥洗，并检查仪容仪表。主班教师和配班教师还要组织幼儿擦护肤霜，带好随身物品等。

b.保育员组织零散幼儿并整理室内卫生。（夏天离园前为幼儿喷防蚊液）

c.主班教师组织幼儿进行安静活动，与幼儿进行简短谈话，一起回顾一天的幼儿园生活，表扬有进步的幼儿，并提出新的要求。

（2）幼儿离园

a.主班教师站在班级队伍前面，热情接待每位家长，主动地与家长进行简短交谈，有重点地反馈幼儿一天的在园表现。

b.主班教师与家长沟通时，配班教师和保育员维持秩序。配班教师和保育员如有需要跟家长沟通，可以让家长等待片刻，先以安全送幼儿离园为主。

c.主班教师严格按照接送卡制度进行，把幼儿交到家长手中。（如有药品交接，由主班教师把药品交接到家长手中）

d.主班教师提醒幼儿主动向家长问好，向老师、小朋友说再见。

（3）离园后的整理

a.主班教师组织保育员和配班教师共同全面地做好卫生工作，做好当日餐巾、水杯、洗脸巾等的消毒工作，将水杯、洗脸巾定位放置，准备好次日的教学活动材料和生活用品等，并检查本班的门窗、水电是否关闭。

b.主班教师组织配班教师和保育员对一天的工作进行总结。

c.保育员打开紫外线灯对室内进行消毒，时间不少于30分钟，锁门离岗。

d.主班教师将未接走的幼儿送到延时班，并签字确认。

**拓展学习**

请你自行查找关于幼儿园其他岗位的工作人员在离园环节的工作内容的相关资料，并以思维导图的形式进行展示。

2）组织离园环节的注意事项

幼儿的离园活动是一日生活的最后一个环节，起着画龙点睛的作用，但却是最容易被忽视的环节。在组织离园环节，不管是教师还是保育员都有一些需要注意的事项，共同配合才能顺利地完成每天的带班工作。

（1）离园前

a.对幼儿进行安全教育，提醒幼儿回家过程的注意事项。

b.离园前，检查幼儿仪容仪表是否整洁，检查幼儿是否有磕碰、抓痕，提醒幼儿带好随身物品。

（2）离园时

a.离园时，对未及时接走的幼儿应组织适当的游戏活动，等待家长来接。

b.离园时，防止幼儿走失或被陌生人带走，确保幼儿安全离园。

c.陌生人接幼儿时，班级教师必须联系家长，得到家长同意，确认身份后才能让其接走幼儿，慎重对待有特殊家庭背景的幼儿。

（3）离园后

a.主班教师一定要带领配班教师和保育员及时总结班级每天的教学和保育工作，分析班级幼儿存在的问题并制定科学的教育方案。

**实地调研**

你可以在离园时间观察居住地附近的一家幼儿园，记录下这个幼儿园离园环节的情况，并与同学进行分享。

b.班级教师之间要保持幼儿信息同步，共同做好班级管理工作。

3）幼儿离园环节的心理状态

幼儿在园内生活了一天，虽然有和蔼可亲的老师们和可爱的幼儿园小伙伴的陪伴，但是大部分幼儿还是十分想念自己的父母，尤其是年龄比较小的托、小班的幼儿，他们想到马上就要见到自己的父母了，情绪十分激动。其实，幼儿在离园环节大致会呈现出以下三种心理状态。

①轻松愉悦的内心体验：知道马上要回家了，身心处于兴奋和期盼状态，表现出愉悦感和幸福感。

②自由自主的活动状态：能够愉快地投入有趣的离园活动中，能自主选择同伴、选择游戏，能够愉快地进行交往和交流，有放松感和满足感。

③留恋和期待的美好情感：既对今天的活动充满留恋，又对明天的生活满怀期待和向往。

但是，需要教师注意的问题是，在离园环节，由于幼儿等待家长时的心情是非常焦急、兴奋，从而出现很多不良的行为表现，如有随处跑动的、同伴间相互打闹的、发出奇怪声音的等，这些行为增加了

**聚焦职场**

根据本文中提到的三种幼儿离园时的心理状态，你觉得托、小班幼儿与中大班幼儿在离园环节的心理状态有哪些相同点与不同点？

幼儿发生危险的机会。为了避免发生意外，要充分利用好幼儿离园环节的时间做好对幼儿引导和管理，做好安全教育。

4）对不同年龄段幼儿离园的常规要求

不同年龄段的幼儿身体发育和心理发展的特点是不同的，而且他们入园时间也有差别，同时他们的成长环境和家长的教育理念也存在差别。因此，幼儿在离园环节的表现和需求也会体现出不同的特点。教师应根据班级幼儿的实际情况，使幼儿的离园状态既兴奋愉悦又稳定放松，使幼儿的离园活动既充实有趣又轻松自然。

（1）托、小班幼儿

a.愉快地参与离园活动，遵守规则，离园前在教师的帮助下将玩具、图书、桌子、椅子摆放整齐。

b.在教师的帮助下，整理自己的仪容仪表，带好自己的物品。

c.在教师的提醒下，不是自己的东西不拿。

d.在教师的引导下，向教师、其他幼儿及其家长道别。

e.在教师的提醒下，不独自离开幼儿园，不跟陌生人走。

f.在教师的提醒下，知道注意安全。

（2）中、大班幼儿

a.愉快地参与离园活动，遵守规则，离园前在教师的提醒下将玩具、图书、桌子、椅子摆放整齐。

b.在教师的提醒下，整理自己的仪容仪表，带好自己的物品。

c.不拿不是自己的东西。

d.主动向教师、其他幼儿及其家长道别。

e.不独自离开幼儿园，不跟陌生人走。

f.知道注意安全。

**想一想**

请你比较托、小班与中、大班幼儿离园常规要求的异同点，并说一说为什么会有这些异同点呢？

### 任务二　利用离园环节与家长进行有效沟通

本任务课件

#### 1.任务描述

到了离园时间，大部分幼儿被家长接走了，中二班只剩下5位小朋友没被接走。主班曲老师让小朋友每人拿一本绘本自己看。曲老师开始整理教学用品，配班张老师整理班级物品，保育员袁老师在盥洗室打扫卫生。不一会儿，悠悠妈妈来接悠悠了，曲老师把悠悠领到妈妈面前，说悠悠上午在幼儿园被小朋友咬了。当看到女儿右手大拇指上红红的一圈咬痕，靠近虎口位置还有点渗血时，悠悠妈妈顿时脸色大变，愤怒地说："天哪，孩子被咬成这样，你为什么不早告诉我？你们老师没处理吗？"配班张老师忙解释："您急什么，我们一样心疼孩子！悠悠总喜欢逗别的小朋友玩……""孩子这么小被咬成这样，你们根本就没管！算了不说了，你们太不负责任了！我要找园长！"容不得曲老师解释，家长就牵着悠悠怒气冲冲地走向了园长办公室。

（1）结合案例，说一说在幼儿离园后班级各岗位教师需要做哪些整理工作？（完成工作表单1）

（2）案例中悠悠在幼儿园受到了伤害，班级教师的处理方式让家长愤怒。你觉得教师的处理方式是否妥当？遇到这样的情况，你认为应该怎样处理才比较好呢？在离园环节，与家长沟通应注意哪些事项？（完成工作表单2）

## 2.工作表单

工作表单1和工作表单2分别见表7-4和表7-5。

表7-4　工作表单1

| 工作表单1 | 离园后教师的整理工作 | 姓　名 | | 学　号 | |
| --- | --- | --- | --- | --- | --- |
| | | 评分人 | | 评　分 | |
| 结合案例，说一说幼儿离园后班级各岗位教师需要做哪些整理工作？<br><br>主班教师：<br>（1）下班前将教学用品_____，整理活动区的物品。<br>（2）与保育员配合打扫本班室内外环境卫生，关好门窗，做好安全检查，检查水、电阀门开关，写好交接班记录。<br>（3）离岗。整理好园服后离岗。<br><br><br>配班教师：<br>（1）整理班级物品，打扫卫生。<br>（2）与保育员配合打扫本班室内外环境卫生，关好门窗，做好_____，检查水、电阀门开关。<br><br><br>保育员：<br>（1）整理班级物品，打扫卫生。<br>（2）整理盥洗室卫生并_____。<br>（3）消毒毛巾。<br>（4）清洗水杯、漱口杯并进行消毒。<br>（5）关好门窗，做好_____，检查_____、_____阀门开关。 | | | | | |

表7-5　工作表单2

| 工作表单2 | 离园环节与家长的沟通 | 姓　名 | | 学　号 | |
|---|---|---|---|---|---|
| | | 评分人 | | 评　分 | |

1.你觉得教师的处理方式是否妥当？遇到这样的情况，你觉得应该怎样处理才比较好呢？

（1）我觉得教师的处理方式_____。

（2）遇到这样的情况，我觉得应该_____

_____处理才比较好。

2.在离园环节，与家长沟通应注意哪些事项？

（1）及时_____，态度真诚。

（2）细说经过，给予抚慰。

（3）_____，体谅家长。

（4）尊重家长，重视沟通。

3.反思评价

（1）通过本任务的学习，你可以反思一下自己在与别人沟通时，有哪些做得好的地方？有哪些需要改进的地方？

（2）请你对自己在本次任务中的学习情况进行评价。

课堂活动参与度　☆　☆　☆　☆　☆

小组活动贡献度　☆　☆　☆　☆　☆

学习内容接受度　☆　☆　☆　☆　☆

4.学习支持

离园环节是幼儿在园的最后一个环节，虽然真正离园的时间只有半个小时左右，但是这个环节同样需要班级各岗位给予重视。在这半个小时左右的时间里，教师和大部分家长都能简单沟通幼儿在园一天的生活情况。离园环节不仅关系到教师与家长的沟通，也是家长对幼儿园和教师职业操守的评价渠道。教师一定要掌握离园环节与家长沟通的方法和技巧，争取得到家长对自己工作的支持与配合。

**聚焦职场**

如果一个幼儿在幼儿园被另一个小朋友抓伤了脸部，幼儿园保健医生已经做了妥善的处理，你觉得要如何跟两个幼儿的家长沟通这件事情呢？

1）离园环节与家长沟通需要注意的事项

离园是幼儿象征一天在园生活的结束，做好离园工作，照顾好幼儿，让幼儿开心，使家长放心，是班级各岗位老师对幼儿与家长的双重责任。同时，这个时段是做好家园沟通最便捷、最及时、最有效的时机，从家长口中了解幼儿及相关注意事项，同时让家长了解并反映幼儿在园的各种情况。在这个过程中，教师要注意在与家长沟通过程中的技巧和方法，并在谈话间让家长感受到老师是发自内心地关爱幼儿。

（1）尊重家长，一视同仁

教师要用平等的态度对待每位家长，尊重他们的人格与观点。教师要耐心、虚心地听取家长的合理建议，努力营造和谐、愉快的交流环境，这样家园沟通才能顺畅。由于职业、性格、文化水平等因素的影响，家长的教育观念和教育方法也不尽相同。虽然家长之间的差异性是客观存在的，但是家长与教师的目标是一致的，都希望幼儿健康快乐地成长。因此，教师应该对家长一视同仁，让每位家长都能感受到教师的关注和重视。

（2）肯定幼儿，先扬后抑

教师对幼儿的一个不经意间的称赞，都会让家长感到高兴，甚至影响到他们对待幼儿的态度。教师对幼儿的肯定在一定程度上也会强化幼儿继续努力的心理，这种肯定也能使家长轻松、自信地面对教师，甚至主动向教师提出幼儿目前存在的一些不足或育儿的困惑，期望得到教师的指点与帮助。这样的家园沟通才能成为真正意义上的沟通。

在家园交流中，难免会谈到幼儿的缺点或不足。教师应客观地告知家长幼儿在园的情况，不掺杂主观色彩和情绪。教师应该用平和的态度和委婉的语气，用先扬后抑的方式与家长交流。可以先向家长介绍幼儿的优点和进步，再说幼儿的不足，便于家长接受。家长担心的并不是幼儿犯下了错误，而是教师对于自己家的孩子所犯错误的看法与态度。教师应该让家长明白，谈论孩子的不足目的是希望得到家长的理解与配合，以便家园双方共同努力，帮助幼儿形成良好的行为习惯。

（3）换位思考，达成共识

很多幼儿教师可能还没有为人父母的角色体验，即使是已经做了父母，在与家长沟通时也会遇到难以达成共识的情况。这就要求教师一定要学会换位思考，了解家长的想法，并体会家长的心情和需求。在幼儿园的一日生活中，幼儿有时会受伤，家长在看到自己孩子受伤时会表现出心疼，这时教师要学会换位思考，体谅家长的爱子之心。

若教师表现得若无其事，认为家长小题大做，家长就会认为教师对自己的孩子不够关心，对工作不够负责，从而影响家长与教师的关系。对幼儿共同的爱是沟通的基础，教师与家长进行沟通是为了一个共同的目标——教育好幼儿。共同的爱和目标把家长和教师的距离拉得更近，使家园的交流更加自然、融和。

**政策法规**

《中华人民共和国家庭教育促进法》第十九条："未成年人的父母或者其他监护人应当与中小学校、幼儿园、婴幼儿照护服务机构、社区密切配合，积极参加其提供的公益性家庭教育指导和实践活动，共同促进未成年人健康成长。"

2）离园环节对家长的要求

家长是幼儿的第一任老师，是幼儿接触时间最长的人，也是未成年子女的监护人，他们有教育幼儿的基本责任和义务。家长应该主动关注幼儿在园的情况，配合幼儿园和教师做好家园共育工作。

特别是在离园环节，家长要利用这个环节，掌握幼儿园和班级的最新情况及教学安排，及时了解幼儿在园情况。在掌握幼儿在园表现及其他情况后，正确引导幼儿，与教师一起促进幼儿身心的健康发展。在离园环节，家长要做好以下几个方面的事情。

（1）了解幼儿情况"三看"

a.一看幼儿园和班级有无通知。

b.二看家园栏。

c.三看展示的幼儿活动作品和老师的活动记录。

（2）与幼儿交谈"三问"

a.一问幼儿在园情绪。

b.二问当日做了什么游戏。

c.三问有什么事情想告诉家长。

（3）清理幼儿的衣物用品

若幼儿当日有特殊情况，应主动与保健医生生联系，了解幼儿在园的一日生活及身体情况，询问应协助的事宜。

**实地调研**

请针对幼儿离园环节的家长沟通情况展开调研，可以小范围对自己身边的幼儿家长展开此项调研活动。调研的问题：接幼儿放学的时候，你最想跟老师沟通的问题是什么？

（4）与班级教师定期沟通

每月家长应与班级教师和保育员交流沟通一次，了解幼儿在园的生活情况，及时反馈幼儿在家的情况，并进行教育、行为习惯、心理健康的咨询，针对幼儿存在的问题共同商议，提出有利于幼儿发展的个性化教育措施。

3）离园环节的活动安排

离园是幼儿在园一日活动中的最后一个环节，有的幼儿想早点离开，特别是胆小、内向的幼儿；有的幼儿不愿离开，想多玩会儿。教师要根据情况做好稳定幼儿情绪的工作，可以准备一些小游戏，适时地组织有目的、有计划的活动，抓住离园环节活动的教育契机，实施有效的指导和帮助，以满足幼儿各方面的需要。教师还可以根据当日的幼儿情况记录表，有针对性地与家长进行沟通；还可以准备一些安全、健康、有意义的小奖品，在离园前发放给当日表现好的幼儿，让幼儿产生自豪感。

（1）幼儿自选活动

每天的离园活动建议以自由选择方式展开，教师可尽量安排一些自主性强、时间可长可短的活动，如谈话活动或桌面游戏等，但要做好观察、加强指导，注意安全。

**工作场景**

离园时间到了，豆豆和可乐在活动室里聊起了天。豆豆跟可乐说："昨天在从幼儿园回家的路上，爷爷带我去买了我最喜欢的变形金刚玩具，这个玩具会变出好几个样子呢，可好玩了！"可乐说他没有变形金刚，但是他有好几个恐龙玩具，他们两个住在同一个小区，相约一会儿回家后拿上变形金刚和恐龙去小区的小广场交换玩具玩呢。

（2）幼儿回忆活动

在幼儿离园前可以安排一些回忆环节，可以结合歌曲、故事、活动经验、意外事件的处理等，让幼儿回忆当日所学并为第二天的学习做好准备。

（3）幼儿阅读活动

离园前教师可以组织幼儿进行一些阅读活动。如果家长来接时，幼儿还不愿离开，家长可以和幼儿一起阅读。幼儿园可以利用离园环节，开展一些亲子共读、共玩、共做等活动，指导家长对幼儿进行正确的教育和引导，调整家长的教育行为，同时使家长了解幼儿的情况，以便给予针对性的配合。

**工作场景**

　　离园前，大二班正在进行离园环节的自选活动，西西和珠珠两个人低着头正在图书架上找绘本，结果两人同时找到了一本《牙齿大街的新鲜事》的绘本，可是西西动作稍慢了一点就没有拿到这本图书，于是西西又低下头去找其他图书。珠珠拿着绘本看了一会儿，看到西西还在图书架那里翻找着，珠珠就走过去跟西西说："西西，你还想看我手里的这本书吗？我们一起看吧。"西西就和珠珠一起坐到小椅子上开始看起来了，两个人一边看一边在交流，还时不时传来笑声。

（4）有趣的游戏活动

　　离园前安排幼儿做喜欢的游戏，能调节幼儿的情绪，给幼儿一种轻松、愉快的感觉。音乐活动、趣味游戏、玩具拼搭都是不错的选择，通常幼儿都愿意参加此类活动。

## 四、课证融通

幼儿园教师资格考试"保教知识与能力"科目关于本模块内容的考查及例题见表7-6，需要着重学习和思考。

表7-6  幼儿园教师资格考试"保教知识与能力"科目关于本模块内容的考查及例题

| 幼儿园教师资格考试"保教知识与能力"科目 |
| --- |
| 考试目标：掌握幼儿生活指导的基础知识与能力；掌握幼儿园一日生活和幼儿卫生、保健、营养、安全等方面的基本知识，并在实践中应用。<br>考试内容与要求：<br>了解幼儿卫生保健常规、疾病预防、营养等方面的基本知识。 |
| 为了预防幼儿发生"星期一综合征"，在执行幼儿园生活制度时应该做到（　　）。<br>A.循序渐进<br>B.保教结合<br>C.家园同步<br>D.个别照顾 |

## 五、阅读思享

推荐阅读：

解旭华，《今天谁来接我呢？》，天天出版社有限责任公司，2017年出版。

推荐理由：

《今天谁来接我呢？》讲述了离园的时候，小老虎看到小鹿有漂亮的姑姑、小河马有帅气的叔叔来接他们，小老虎心里特别羡慕小鹿和小河马，因为每天都是妈妈来接他。有一天，小老虎跟小猫老师谎称舅舅会来接自己。当乔装打扮的狐狸混进接小动物离园的队伍时，小老虎为了面子，他要跟狐狸走。幸好小猫老师及时发现了狐狸的破绽，没让小老虎跟着狐狸走，这才没让狐狸的阴谋得逞。

幼儿喜欢新鲜，也喜欢漂亮的大人，很容易被好吃好玩的东西诱惑，无论幼儿在园内还是园外，我们都要帮助幼儿树立不和陌生人走的安全意识。

# 模块八  过渡环节

## 一、岗位能力模型

过渡环节岗位能力模型见表8–1。

表8–1　过渡环节岗位能力模型

| 模块 | 岗位能力描述 | 《幼儿园工作规程》 | 《幼儿园教育指导纲要（试行）》 |
|---|---|---|---|
| 过渡环节 | 幼儿园一日生活流程中包括生活活动、教育活动、游戏活动、运动活动等不同的环节。在这些环节之间存在过渡时间，称为过渡环节。在幼儿园集体活动中，由一个活动向下一个活动过渡时，总有一部分幼儿需要等待一会才能进入下一阶段，如果组织得不好，不但造成时间的隐形浪费，还会使幼儿产生烦躁情绪，甚至出现打闹现象，埋下安全隐患。因此，教师不但要掌握组织过渡环节的方法和原则，还要根据实际情况灵活而又合理地安排过渡环节的内容，及时、科学地处理过渡环节出现的意外情况 | 见表1–1、2–1、3–1、4–1、5–1、6–1 | |

## 二、知识点与技能点

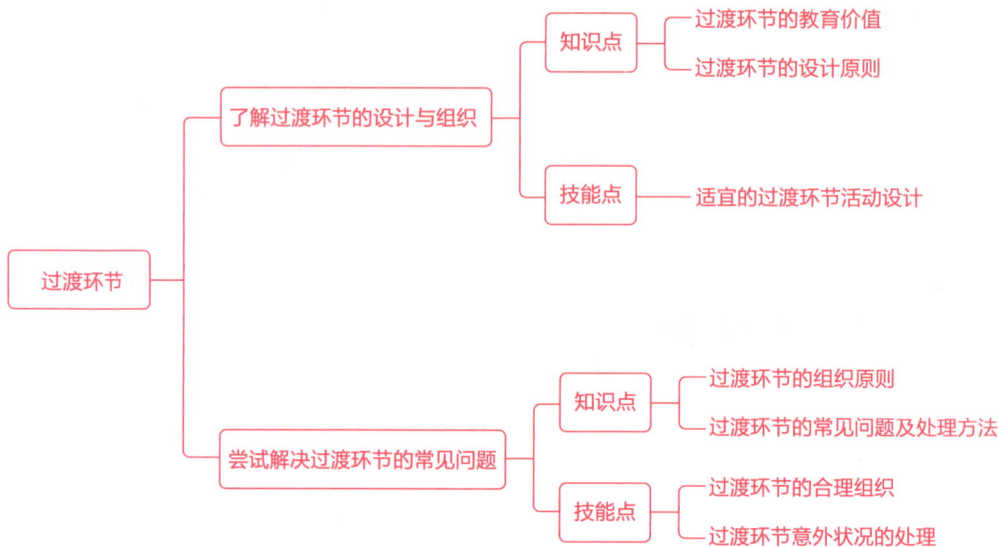

```
                                              ┌─ 过渡环节的教育价值
                              ┌─ 知识点 ──────┤
            ┌─ 了解过渡环节的设计与组织 ─┤           └─ 过渡环节的设计原则
            │                 │
            │                 └─ 技能点 ────── 适宜的过渡环节活动设计
过渡环节 ──┤
            │                              ┌─ 过渡环节的组织原则
            │                 ┌─ 知识点 ──────┤
            └─ 尝试解决过渡环节的常见问题 ─┤       └─ 过渡环节的常见问题及处理方法
                              │
                              └─ 技能点 ──────┬─ 过渡环节的合理组织
                                             └─ 过渡环节意外状况的处理
```

### 思政目标

1.通过过渡环节的学习，引导学生重视过渡环节的教育价值，学会合理安排幼儿的一日生活。

2.结合过渡环节的组织与开展，培养学生灵活组织活动的教育意识，树立生活即教育的教育观。

本任务课件

# 三、工作任务

## 任务一 了解过渡环节的设计与组织

### 1.任务描述

五一小长假结束了，今天是节后的第一天，小一班的小朋友们陆续来到了幼儿园。配班王老师在早餐前的一段时间内准备对小朋友开放"自然角"和"聊天吧"，他们可以自主选择这两个区域进行活动。有几个小朋友在保育员的带领下为"自然角"的植物浇水，还有几个小朋友在和王老师聊他们五一假期的生活。王老师和小朋友们轻松地坐在"聊天吧"的软垫上，小朋友们愉快地交流着假期去了哪里，吃了什么好吃的、玩了什么好玩的之类话题。王老师注意到内向的乐乐想发言却又不敢，她就主动邀请乐乐跟大家分享。乐乐走到王老师身边，凑近王老师的耳朵，用小手遮挡着嘴巴悄悄地说："王老师，我和爸爸妈妈回了爸爸的老家，去看了太爷爷。"王老师特意问了乐乐除了太爷爷还见到了老家的什么人，有没有在老家交到好朋友。她想利用这种轻松的问答形式锻炼乐乐的胆量，让乐乐更自信。

（1）结合案例，你觉得过渡环节有什么特点？具有什么教育价值？（完成工作表单1）

（2）阅读案例，王老师组织了包含什么内容的过渡环节？你认为在设计过渡环节内容时应该遵循哪些原则？请根据要求设计过渡活动。（完成工作表单2）

## 2.工作表单

工作表单1和工作表单2分别见表8-2和表8-3。

表8-2　工作表单1

| 工作表单1 | 过渡环节的教育价值 | 姓　名 | | 学　号 | |
|---|---|---|---|---|---|
| | | 评分人 | | 评　分 | |

1.结合案例，你觉得什么是过渡环节？具有什么特点？

过渡环节的定义：

幼儿园的一日活动中包括学习、游戏、生活等环节，在这些环节中，有一部分是＿＿＿＿＿于各活动之间的＿＿＿＿＿部分，也就是各种活动之间的间歇部分，我们称为＿＿＿＿＿。

过渡环节的特点：中转性、＿＿＿＿闲散、＿＿＿＿。

2.结合案例，你觉得过渡环节有什么教育价值？本案例中的过渡环节体现了什么教育价值呢？请在正确选项前面的圆圈里画√。

过渡环节的教育价值：

◯（1）过渡环节是生成教育的有利契机。

◯（2）过渡环节是有效的交流平台。

◯（3）过渡环节有助于幼儿良好行为习惯的培养。

表8-3 工作表单2

| 工作表单2 | 过渡环节的设计原则 | 姓　名 | | 学　号 | |
|---|---|---|---|---|---|
| | | 评分人 | | 评　分 | |

1.仔细阅读案例，小一班的王老师组织包含什么内容的过渡活动？设计这个过渡环节时遵循了哪些原则？

王老师组织的过渡活动内容是＿＿＿＿＿＿＿＿＿＿＿＿＿＿＿＿＿＿＿＿＿。

设计过渡环节的时候，王老师遵循的原则有：

（1）以幼儿为＿＿＿＿进行精心设计。

（2）激发幼儿的＿＿＿＿和需要。

（3）涉及幼儿园＿＿＿＿＿＿＿＿＿＿。

（4）兼顾＿＿＿＿、＿＿＿＿及周边环境资源等因素。

2.请连线两个相邻的环节，并根据过渡环节的设计原则设计相应的过渡活动。

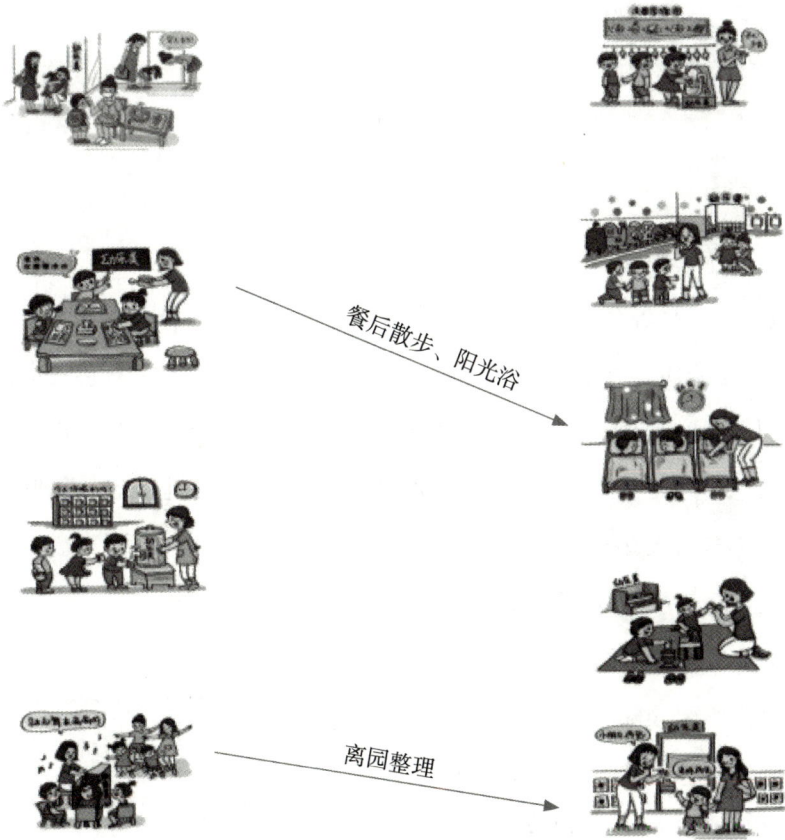

餐后散步、阳光浴

离园整理

### 3.反思评价

（1）通过学习本任务的内容，想一想如果过渡环节的活动内容设计得不科学，会出现什么问题？

_____

_____

_____

（2）请你对自己在本次任务中的学习情况进行评价。

课堂活动参与度 ☆ ☆ ☆ ☆ ☆

小组活动贡献度 ☆ ☆ ☆ ☆ ☆

学习内容接受度 ☆ ☆ ☆ ☆ ☆

### 4.学习支持

1）过渡环节的定义

过渡环节是一日各个活动之间的"驿站"，具有中转性、非正式、闲散、自由活泼的特点。在宽松的环境中，幼儿可以进行自主游戏和交往，给幼儿提供一个释放心理能量的空间；从教师的角度来说，能使教师更好地管理幼儿，形成良好的班风，实现教师的自我解放，更有利于教师进行现场教学的设计，思考一些随机情况的处理办法。

2）过渡环节的教育价值

（1）过渡环节是生成教育的有利契机

过渡环节是幼儿在园一日生活中必不可少的重要衔接部分，具有承上启下的作用。同时，过渡环节也是教师观察和了解幼儿的一个很好机会。教师可以有目的、有计划地利用这个

**关键概念**

幼儿园的一日活动中包括学习、游戏、生活等环节，这些环节之间的过渡部分，也就是各种活动之间的间歇部分，我们称其为过渡环节。

机会，观察并了解幼儿，帮助他们拓展经验，促进幼儿发展。教师还可以利用过渡环节进行个别沟通，及时疏导幼儿情绪，捕捉幼儿兴趣，也有助于教师产生灵感。

（2）过渡环节是有效的交流平台

幼儿同伴群体是宝贵的教育资源，通过幼儿间积极评价、相互制约和潜移默化的影响，使幼儿的内在需求得到满足，多种能力得以提高。幼儿间常常存在一种互相勉励的行为，发展良好的同伴关系，优化同伴关系，挖掘同伴间的教育资源，能让幼儿真正体会到同伴间的互相帮助。教师可根据幼儿的发展状况，积极挖掘各种同伴间的资源，充分发挥其教育价值，促进幼儿的全面发展。

（3）过渡环节有助于培养幼儿良好的行为习惯

幼儿所需要的过渡环节应该是宽松的、自主的、有序的、利于交往的，利于幼儿进行自我管理，使幼儿在过渡环节中获得更好的发展。幼儿园过渡环节从表面看是细小的，但它却具有非常重要的教育价值。过渡环节可以督促幼儿抓紧时间做事，积累管理自己的经验，有利于幼儿自我管理能力的形成。过渡环节还能让幼儿懂得有序生活和遵守规则的重要性。

3）过渡环节的设计原则

（1）以幼儿为中心进行精心设计

幼儿园过渡环节内容的选择是一项复杂的工作。教师要能做到看似随意而又充满智慧的选择与设置，既要考虑到幼儿的生理特点、游戏兴趣、安全健康等因素，还要考虑到幼儿活动的便捷、空间场地及时间。

（2）激发幼儿兴趣和需要

《幼儿园教育指导纲要（试行）》中提出："善于发现幼儿感兴趣的事物、游戏和偶发事件中所隐含的教育价值，把握时机，积极引导。"可见兴趣是激发幼儿参与过渡环节的最大内在动力。有了兴趣，幼儿参与游戏的愿望将会变得积极，能主动参与过渡游戏活动中。

（3）涉及幼儿园教育目标要求

幼儿园过渡环节内容的设置要有助于幼儿获得基础知识和基本技能，有助于发展幼儿的认知能力和积极的情感态度，有助于幼儿掌握有效的学习方法和交往方式。

（4）兼顾季节、节日及周边环境资源等因素

**想 一 想**

在设计过渡环节的过程中，除了遵循以上4个设计原则，你觉得还有哪些方面需要注意呢？

在幼儿园过渡环节的内容选择和安排时，教师要考虑到季节、节日、资源等其他因素。依据幼儿园所在地区、幼儿园本身、班级状况等灵活安排，既贴近幼儿生活，又有利于体现过渡环节的教育价值。

4）生活活动前后的过渡环节

（1）晨间入园后、晚间离园前的过渡环节

幼儿的在园一日生活是从晨间入园开始的，以离园结束的。在这两个环节组织的过渡环节中蕴藏着教育幼儿的机会。作为幼儿教师，要抓住这两个过渡环节的教育契机，让幼儿在轻松自然的氛围中完成过渡。

①晨间入园后的过渡环节。

晨间入园后的过渡环节是教师对幼儿进行个别关注与集体教育的结合，它在幼儿一日生活中有着非常重要的意义，甚至能够影响幼儿接下来一整天的情绪状态。晨间入园后的过渡环节，幼儿入园时间相对比较分散，而且有不少家长还需要向教师交代相关事情，需要教师进行个别化的沟通和关注，这就需要幼儿教师一定要合理安排好较早入园的个别幼儿和之后密集入园的多数幼儿的晨间活动。与此同时，这也对教师提出了更高的挑战，这个挑战就是在这短暂的时间内，如何让幼儿拥有快乐、安全的情绪情感。教师在此环节中一定要考虑每个幼儿的不同需求，如有的幼儿缺乏安全感，有的幼儿性格内向，有的处于分离焦虑期等，面对如此多样的幼儿需求，教师所做的就是利用环境和游戏活动让幼儿在不同层面上得到最大的满足。

晨间入园后的过渡环节，适宜发展幼儿观察能力的活动有很多。教师应注重发现和捕捉幼儿感兴趣的事物，同时抓住这些事物的教育价值，引导幼儿进行谈话、观察、探究。经过日复一日的积累后，幼儿的探究经验及学习能力会在这个过渡环节中得以提升。

②晚间离园前后过渡环节。

离园前后过渡环节为幼儿回忆、交流、展示提供了机会，有助于幼儿形成自信、自我肯定的心理认识，促进幼儿社会性发展和心理健康。晨间入园后的过渡环节中，

幼儿的需求是要得到教师的迅速认同和接纳，而离园前的过渡环节则是需要家人的鼓励和赞许。教师在设计离园前的过渡环节的时候，需要考虑组织一些利于幼儿获得成就感的活动和有助于家长了解幼儿在园生活学习状况的活动。

回忆交流类活动是一种非常适合离园前的过渡环节的活动。幼儿通过交流谈话方式回忆在幼儿园一天的生活和感受，能对自己的行动和思想有更清晰的认识。教师还可以带领幼儿回忆一些教学活动的过程或者动手操作的过程，让幼儿在一日生活结束的时候进行反思和总结。在离园前的过渡环节还可进行旅游欣赏类的交流。这类活动需要调动幼儿已积累的经验，而且教师最好提供一些相关材料作为支持，也可以让幼儿进行讲述、分享适宜的内容。教师在组织这类活动之前需要进行家园联系工作，做好活动所需信息的收集整理工作，这样才能更方便地与幼儿进行交流分享，也更方便教师进行辅助和提供帮助，让活动得以顺利进行。另外，由于这类交流活动要达到的目标是提升幼儿的生活经验，所以在选择内容的时候，一定要选择能启发幼儿直观感受和表达欲望的内容。

**聚焦职场**

你觉得在组织晨间入园后、离园前的过渡环节活动时，还可以安排哪些类型的活动呢？

（2）三餐两点前后的过渡环节

"三餐两点"是幼儿在园一日生活活动的重要组成部分，它们前后的过渡环节也有着重要价值。教师要有选择地运用符合幼儿年龄段特点的方式，然后科学地组织过渡环节。这样不仅能帮助幼儿形成良好的进餐习惯、生活习惯和一些生活需要的基本能力，还能不断地促进幼儿身心的健康发展。

①餐前的过渡环节。

幼儿在园的一日生活中，"三餐两点"是必不可少的内容，因此进餐前后的过渡环节也就成了重复频率极高的环节。餐前过渡环节需要教师在进餐前的半小时内，既要保证幼儿的情绪良好，又要培养幼儿的生活常规，还要能够科学合理地选择适宜的餐前活动类型和内容。

进餐前后的过渡环节在保证"安静"的前提下，还要考虑另外两个要点，即空间与时间的把握、和保教结合的内容选择。餐前的安静活动就是让幼儿身体和情绪都处于平稳状态，这样最符合幼儿生理状况和健康的需求。教师在这个过程中，可以根据空间、时间和条件随机安排一些操作性活动以便于幼儿放松，如翻绳、串珠、拼图等。

a.空间与时间。

教师要把幼儿的身体健康及发展，培养幼儿良好的生活、卫生习惯放在首位。因此，教师要结合幼儿人数仔细考虑活动内容的设置是否符合时间、空间的安排。根据班级硬件环境的创设，如盥洗室的位置、盥洗所需物品的提供与摆放，来合理安排餐前活动的区域及内容。在合理的时间内，引导幼儿离开室内餐桌，避免影响保育员进行餐前的准备工作。教师在进行餐前的过渡环节处理时，一定要有时间意识，注意与进餐活动的衔接。

b.保教结合。

设置餐前的过渡环节内容时必须考虑保教结合。在培养幼儿良好习惯的同时，要抓住时机向幼儿进行科学教育。因此，教师在安排具体活动时，可以考虑安静的桌面游戏及阅读活动。

教师可以为餐前活动特意设置一个安静区，在这个区中可以备有图书和小型操作游戏的材料，幼儿可以玩一些简单的规则游戏或创新游戏。比如，幼儿可以进行简单的拆接、排列、分类、匹配、比较、制作等桌面游戏活动。阅读活动也是餐前安静活动的好选择。许多幼儿在上幼儿园之前就已经喜欢阅读活动了，他们喜欢听故事、看图书，在这种环境中，幼儿会用自己独特的阅读方式感受文学作品。图书中丰富的情节，可引发幼儿的丰富想象，贴合幼儿的需要。幼儿深入情境中，会安静地自我陶醉，不断提高幼儿对文学作品的兴趣。这种快感直接来源于幼儿感官，对幼儿接下来的进餐活动有着积极的促进作用。

②餐后的过渡环节。

幼儿园进餐后的过渡环节可以细分为早餐、中餐、晚餐后的过渡环节。与餐前的过渡环节相比较而言，餐后的过渡环节按常规来讲，活动的数量可以适当减少。

a.早餐后：幼儿以自选游戏区域活动为主，教师不用有计划地设置餐后的安静活动。

b.午餐后：幼儿以餐后散步为主，为午睡做准备，教师可以让进餐快的幼儿自主、安静地活动。教师要注意观察，及时处理偶发事件，渗透教育，确保活动有序、安静、安全。户外散步也要做到以静为主，结合天气、季节的变化进行灵活安排。例如，随着季节变化有目的地看看景物，感受季节的变化等。

c.晚餐后：教师按照幼儿离园过渡环节的相关原则和要求安排适宜的活动即可。

另外，需要单独说明的是，幼儿午睡前后的过渡环节以生活活动居多，如盥洗、喝水、整理床铺等，教师在这个过渡环节应为幼儿提供自主、宽松、随意的环境，利于幼儿转移情绪等。

**温馨提示**

1.餐后过渡环节提醒幼儿不做剧烈运动。

2.餐后过渡环节提醒幼儿不急躁。

3.教师注意观察个别幼儿餐后状况：如生病幼儿或者有其他事情的幼儿。

**5）集体教学活动后的过渡环节**

幼儿园集体教学活动后的过渡环节是幼儿从集中到分散，再由分散到集中的一个重复性过渡，教师可以根据教学经验与生活经验，以及结合课程本身内容的延展性组织过渡活动。因此，集体教学活动后的过渡环节具有以下四个特点。

（1）时间长

相对其他过渡环节，集体教学活动后的过渡环节时间较长，甚至有时候会需要30~40分钟的时间才能完成。幼儿园教育最大的特点就是保教结合，为了提高幼儿园保教工作的效率，教师需要充分利用集体教学活动后的过渡环节来建立有序而稳定的教育环境与秩序。因此，在集体教学活动后，教师需要对幼儿的思维能力和注意力进行分析和调整。

（2）内容广

集体教学活动后，幼儿的活动由集体式变为分散自由式，幼儿在此阶段可选择的活动内容相对广泛，教师要提供足够的支持。有的幼儿注意力还停留在集体教学活动之中，教师就要结合集体教学内容设置一些延伸类过渡活动或者欣赏类过渡活动，充分满足幼儿的兴趣及学习与发展的需要；有的幼儿喜欢自主选择操作类活动，教师应为其提供和设置桌面玩具或易操作的活动。

（3）动静结合

在集体教学活动后，教师为幼儿创设的活动要充分考虑幼儿的动静选择，还要充分考虑幼儿的性格和个人需要。有的幼儿性格外向，需要一些交流或才艺展示类活动，那就为这类幼儿提供可以交流和表演的空间；有的幼儿喜欢安静，教师可以提供一些操作探究类、桌面玩具类、阅读类活动等供幼儿选择。

（4）随意性

集体教学活动后的过渡环节与区域环节相比较而言，教师要尊重幼儿短暂的兴趣点，因此在形式上就要相对自由，环节方面也要宽松自如，教师不宜进行过多干涉，避免将集体教学活动后的过渡环节组织成了目标性较强的区域活动或者学习小组。

教师在设计集体教学活动后的过渡环节时，教师一定要记住幼儿才是活动的主人，教师需要做的工作就是根据幼儿的兴趣点随机调整，随时提供空间和材料的支持，给幼儿充分的游戏时间并创设愉悦的活动环境。

### 任务二 尝试解决过渡环节的常见问题

**本任务课件**

#### 1.任务描述

小二班的小朋友们结束了美术活动，班级李老师组织大家进行集体如厕、盥洗、饮水。王老师准备利用午餐前的二十分钟，带领小朋友们去户外玩一会儿大型滑梯，然后再观察一下班级负责的小菜园。王老师催促着所有小朋友都喝完水之后，才组织他们集体排队去户外玩滑梯。可是，刚带着小朋友们走到大厅门口，就看见幼儿园的维修工正在紧急修理突然坏掉的户外遮阳棚，还有一些零件和工具散落在滑梯附近。王老师看到这种情况，只好取消了活动，组织小朋友排队回班级，尔后安排他们看书。

（1）结合案例，你觉得李老师在组织过渡环节时存在哪些问题？应该如何解决这些问题呢？（完成工作表单1）

（2）该案例中的李老师在组织过渡环节的过程中，有哪些做得比较好？遵循了哪些过渡环节的组织原则？违背了哪些过渡环节的组织原则？分别表现在哪里？（完成工作表单2）

## 2.工作表单

工作表单1和工作表单2分别见表8-4和表8-5。

表8-4　工作表单1

| 工作表单1 | 解决过渡环节的常见问题 | 姓　名 | | 学　号 | |
|---|---|---|---|---|---|
| | | 评分人 | | 评　分 | |

1.结合案例，你觉得李老师在组织过渡环节时存在哪些问题？在组织过渡环节时，还有哪些常见的问题？

（1）小二班的李老师在组织过渡环节时，存在的第一个问题是：时间隐性浪费，幼儿消极等待，体现在＿＿＿＿＿＿＿＿＿＿＿＿＿＿＿＿。

（2）存在的第二个问题是：教师过度控制，幼儿被动接受，体现在＿＿＿＿＿＿＿＿＿＿＿＿＿＿＿＿＿＿＿＿＿＿＿＿＿＿＿＿＿＿＿＿＿＿＿＿＿＿＿＿＿＿。

（3）除了上面的两个问题，组织过渡环节，常见的问题还有＿＿＿＿＿＿＿＿＿＿＿＿＿＿＿＿＿＿＿＿＿＿＿＿＿＿＿＿＿＿＿＿＿＿＿＿＿＿＿＿＿＿＿＿。

2.针对组织过渡环节时存在的常见问题，我们应该如何解决呢？

（1）自然过渡，＿＿＿＿＿＿安排内容。

（2）尊重＿＿＿＿＿＿，培养幼儿良好习惯。

（3）＿＿＿＿＿＿观察，抓住教育契机。

表8-5　工作表单2

| 工作表单2 | 过渡环节的组织原则 | 姓　名 | | 学　号 | |
|---|---|---|---|---|---|
| | | 评分人 | | 评　分 | |

1.根据案例，请以小组为单位讨论李老师在组织过渡环节时应该遵循哪些原则呢？

（1）能够进行_____调整。

（2）注意_____交替。

（3）注重幼儿_____。

（4）避免过渡环节过_____。

2.案例中班级李老师遵循了哪些过渡环节的组织原则？违背了哪些过渡环节的组织原则？分别表现在哪里？

（1）案例中班级李老师遵循的过渡环节的组织原则有_____

_____。

表现在_____

_____。

（2）违背过渡环节的组织原则有_____

_____。

表现在_____

_____。

### 3.反思评价

（1）通过学习本任务的内容，你觉得要如何进行小班幼儿过渡环节的组织呢？

_____

_____

_____

（2）请你对自己在本次任务中的学习情况进行评价。

课堂活动参与度　　☆　☆　☆　☆　☆

小组活动贡献度　　☆　☆　☆　☆　☆

学习内容接受度　　☆　☆　☆　☆　☆

### 4.学习支持

**1）过渡环节常见问题**

（1）时间隐性浪费，幼儿消极等待

幼儿园主要是以集体生活为主，幼儿要共同使用幼儿园有限的空间和资源，必然会造成"有先有后"的情况；另外，由于不同幼儿自身发展的个体差异性，也会出现"有快有慢"的情况。"整齐划一"的过渡环节表面上看似全班幼儿井然有序，但却掩盖了幼儿大部分时间都处于消极等待、无所事事的状态，实际则是时间的隐性浪费。

（2）教师过度控制，幼儿被动接受

在教师实际的带班过程中，经常出现既要关注卫生间正在如厕的幼儿，又要关注盥洗室内正在盥洗的幼儿，于是对幼儿的各种催促声在过渡环节中经常出现。在这种情况下，教师容易忽略过渡环节中蕴藏的宝贵教育契机，使得幼儿始终处于被动接受的状态，这样非常不利于幼儿良好习惯的培养。

（3）环节顾此失彼，忽略幼儿身心健康

教师为了调动幼儿完成某个环节的积极性，在过渡环节的设计上经常采用一些有吸引力的活动来引诱幼儿，这种过渡内容的设计确实能在很大程度上有效地避免消极等待的情况。单从表面上看，时间隐性浪费的情况大大改善了。但是，幼儿的身心健康却容易被忽视。有的幼儿为了玩到心爱的积木，他就会狼吞虎咽地进餐。这种隐藏的伤害就潜伏在有"秩序"的表面之下，这不仅会影响幼儿的身体健康，而且会影响他们的心理健康。

（4）细节考虑不周，环节设计不合理

在幼儿的入园环节或者离园环节，有的教师会选择区域活动作为过渡环节。然而，这两个环节不但时间短而且不稳定，这个时候如果安排表演或阅读等需要时间较长的活动内容，幼儿的活动就容易被打断，这样非常不利于幼儿的专注力和学习习惯的培养。

> **想 一 想**
>
> 结合你在幼儿园的实习与实践工作，根据你的观察，你觉得幼儿园过渡环节比较常见的问题是什么？请举例说明。

2）过渡环节常见问题的解决方法

（1）自然过渡，合理安排内容

根据幼儿的年龄特点，选择他们感兴趣的、有吸引力的内容，同时考虑幼儿的参与度。由于过渡环节是一个时间段，教师在此环节需要特别关注"头"和"尾"的两类幼儿，这就要求教师尽量选择时间较为灵活的活动内容，最好选择所需时间较短的活动，即使最后一个进入过渡环节的幼儿也能参与活动。

（2）尊重差异，培养幼儿良好习惯

在过渡环节，教师要注意尊重幼儿之间的个体差异，适当减少非必要的集中性的活动内容，巧妙利用幼儿之间的差异性，充分调动他们的自主性和积极性。这样，才能让每个幼儿在自身发展水平的基础上获得更多的成长和进步。

（3）细心观察，抓住教育契机

由于过渡环节相对简便灵活且自主性强，幼儿之间的交流都是在真实而自由的状态。教师通过细心观察就能捕捉到幼儿身上平时不易发现的特质，或者发现他们生活中具有共性的问题和兴趣点，这样教师可以更加有针对性地开展相关的教学活动，引导幼儿解决他们成长中的问题，挖掘他们身上的无限潜能。

**政策法规**

《幼儿园教师专业标准（试行）》第四十条要求幼儿园教师应具备的专业能力："合理安排和组织一日生活的各个环节，将教育灵活地渗透到一日生活中。"

3）过渡环节的组织原则

过渡环节的组织是具有创造性和艺术性的一项工作，不但要符合保教结合的原则，还要满足幼儿兴趣的需要。这样才能促进幼儿身心和谐发展，使其体验幼儿园一日生活的快乐，让幼儿的在园生活自然过渡，真正让学前教育回归生活。因此，教师在组织幼儿一日过渡环节时，要注意遵循一定的原则。

（1）能够进行灵活调整

在组织过渡环节时，教师要根据幼儿的年龄特点、原有的发展水平、情绪自控能力等，对一日活动安排的内容进行随机调整。一般来说，小班幼儿的注意力时间较短，那么过渡环节相对也会多设置一些，教师要根据不同的环节进行巧妙过渡，使过渡环节自然和谐，避免幼儿疲劳。

（2）注意动静交替

学龄前幼儿的年龄特点和心理发展水平决定了幼儿园过渡环节的组织必须遵循动静交替的原则。教师应根据幼儿当下的状态调整过渡环节所进行的阶段，做到张弛有度。

（3）注重幼儿个体差异

幼儿作为单独的社会个体，他们都是独立的、自主的，并且生理和心理状况差别大。在组织过渡环节时，教师要关注个别幼儿的具体情况，尽量设计个性化的过渡环节内容，满足不同幼儿成长的需要，使每个幼儿都能够健康地成长。

（4）避免过渡环节过多

《幼儿园教育指导纲要（试行）》关于过渡环节规定："尽量减少不必要的集体活动和过渡环节，减少和消除消极等待现象。"因此，在幼儿一日生活的组织中，教师要珍惜幼儿的时间，注重幼儿活动的有效性。教师要努力做到，过渡环节的过渡显得自然而不生硬，既能体现常规而又不死板，充分保证幼儿能够自由自主地在生活中游戏，在游戏中发展。

4）教师在过渡环节中的角色定位

（1）教师是幼儿过渡环节背后保障的支持者

幼儿生活及学习的特点，具有明显的零散性和随意性。教师在过渡环节中，既要考虑幼儿的兴趣点，又要关注幼儿身心发展的规律，科学调整活动密度，使过渡环节达到轻松、自然的效果。

①时间的支持。

幼儿园一日生活过渡环节存在时机和时间长短的不同，教师要根据不同班级幼儿的情况酌情处理和安排。教师要灵活把握过渡环节时间的长短，小的过渡环节在5分钟之内适宜，如晨间入园之后的天气预报等过渡环节；大的过渡环节在10~15分钟，如集体教学活动后户外活动前的过渡环节内容颇多，如盥洗分组、站队等。作为教师，要根据班级幼儿日常活动建立过渡环节的常规模式，在作息制度上给予明确标注，做好班级过渡环节的时间保障。

②空间的支持。

幼儿在过渡环节中，教师既要考虑方便下一环节的进行，又要有利于收放材料，还要考虑幼儿参与的分散性、随意性。基于这些因素，教师要根据不同过渡环节的性质充分考虑活动的空间和位置，充分利用楼道墙壁、区域角落等。教师应在组织幼儿过渡环节中，认真关注幼儿参与游戏的情况，随时调整空间位置，方便幼儿参与活动。

③内容的支持。

在过渡环节游戏中，教师要特别注重收集幼儿感兴趣的信息，便于活动内容的调整；同时要积累大量语言类材料，包括优秀的故事、有趣的语言游戏等，便于在过渡环节中随时运用；提高自身进行益智游戏的水平，如九连环、孔明锁、拼图等的玩法技巧，这样教师才能指导幼儿参与过渡环节时进行指导。当幼儿用自己的意愿和想法进行操作时，教师应以欣赏的目光，支持他们去尝试、实践自己的想法。

（2）教师是幼儿过渡环节教育发展的引领者

在过渡环节，教师要尊重幼儿个性、兴趣，但不是一味顺从幼儿。教师要从以下几个方面进行引导。

①幼儿学习兴趣的激发者。

过渡环节游戏区别于教育活动中的集体游戏，它是自由的、广泛的、随意的、幼儿自主选择的。因此，教师在过渡环节要注意观察幼儿的兴趣点，使幼儿在轻松自主的环境中获得有益于身心发展的经验，激发幼儿多方面的兴趣和爱好。运用语言引起悬念，从而激发幼儿的兴趣爱好。由于幼儿正处于积极探索周围事物的阶段，对新鲜的、未知的或者略知的事物会产生极大的探究兴趣，所以教师如果能巧妙地运用语言，设置悬念，激发幼儿的好奇心和求知欲，就能收到意想不到的效果。

②幼儿独立能力的培养者。

幼儿园过渡环节的游戏活动更多地体现了宽松、独立、自主的特点，幼儿可以根据自己的意愿充分地选择喜欢的活动环境、材料、交往对象而自由地进行，这种活动方式对于幼儿来说是魅力无穷的，因为幼儿的独立自主性在过渡环节的游戏中得到了充分体现和发挥。然而，幼儿在过渡环节的游戏中所表现出来的独立自主性，并不是先天自发的本能，而是在主客体相互作用下，在外界环境的影响下，特别是在教师有意识地教育下产生的。幼儿的独立自主性是受周围环境影响的，教师若提供单调的活动环境及材料或是程式化的活动方式会限制、制约幼儿的独立自主性和积极参与游戏的愿望。因此，作为教师要根据幼儿的需要，提供有效的支持。

③幼儿交往水平的提高者。

教师应提供不同的材料来增加幼儿交往的机会。面对丰富的材料，幼儿活动起来必然需要同伴间的合作与相互协调。同一个游戏，可以提供不同难度的材料，满足不同水平的幼儿。幼儿可以自由选择，在互相模仿、学习和交谈中，进行热烈的交往活动。同时，教师还要给予灵活指导，以提高幼儿交往水平。在活动中幼儿会遇到各种各样的问题，解决问题对于幼儿来说是一个新的刺激与挑战，更能促进幼儿积极面对问题，培养幼儿在交往中的胆识和面对突发事件的应变能力。

④幼儿习惯形成的培养者。

过渡环节的游戏具有零散性，从空间和时间上都有助于幼儿良好习惯的养成，而教师正是幼儿习惯形成的培养者。

5）教师是幼儿过渡环节教育发展的同行者

过渡环节是一日生活中幼儿自我个性最显露的环节，是幼儿自己做主最充分的时刻，所以在幼儿过渡环节的游戏过程中，伙伴作用是缺一不可的。体现伙伴作用需要教师降低身段，换位体验，充满激情地投入游戏中，只有这样才能更好地和幼儿一起合作、游戏，形成良好的师幼关系。如何才能做好幼儿的伙伴？教师应注意以下几个方面。

①与幼儿平等对话。

教师与幼儿成为伙伴，则与幼儿平等对话、尊重幼儿是重要前提。在幼儿心目中教师的地位是高于自己的，但是如果教师能够在语言上与幼儿平等对话，并且放下身段，真诚表达，幼儿是能够体会教师的尊重的。除了语言上的平等，教师的一些细微的动作，也是和幼儿关系是否平等的反映。比如，教师和幼儿在同一地方、用同一种方式坐下来，用手摸摸幼儿的头，专注地欣赏幼儿玩游戏等。

②掌握游戏的方法和规则。

教师在幼儿心目中是个全能型人才，教师应将幼儿们感兴趣的游戏、玩具的玩法和规则尽可能地掌握得比较熟练。在幼儿这个大群体里，教师要逐步建立自己的威信，让幼儿喜欢自己。

③适时地介入游戏。

教师作为伙伴介入游戏和作为指导介入游戏的身份截然不同。介入时机：看幼儿是否缺伙伴，看幼儿是否遇到困难。介入语言：需要我来和你们一起玩吗？我也想玩，你们带我玩吗？当教师得到幼儿的许可或完全尊重幼儿的意见，才可以游戏，并且和幼儿一起遵守规则，同时做到有始有终。如果教师不能参与整个游戏，也要有合理的理由与伙伴说明，合理地退出游戏，不可以想来就来，想走就走。

④提供恰当的帮助。

幼儿同伴之间很少出现幼儿自己发现了别人的困难而主动提供帮助，多数情况是在幼儿伙伴的求助下给予帮助。教师的帮助要合理，避免打击幼儿的自尊心或包办代替。当幼儿的动作、语言或眼神发出求助信号时，教师可以用"你需要我做些什么来帮助你呢？"的语言来征询幼儿的意见，在幼儿的求助时提供帮助，这样的帮助有助于促进教师和幼儿的伙伴关系。

⑤移情体验幼儿的感受。

教师和幼儿一起进行过渡环节的游戏时，要具备移情体验能力。当发现幼儿处于某种困境时，教师要及时换位思考，在幼儿认同教师确实站在他的角度去思考问题的时候，他们会乐于接受建议，这也就加速了教师和幼儿良好师幼关系的建立。

⑥欣赏幼儿的优势。

伙伴之间的欣赏不同于教师的欣赏。伙伴的欣赏是一种参与，是默默地看，而不会像成人那样说"你做得真好"。教师明白这一点，就知道和幼儿在一起时，怎样欣赏幼儿的优势。教师可以说"我也想做一个和你一样的，你的那个很好看"的话，巧妙地融入伙伴间的师幼关系中。教师要学会欣赏，首先要学会做喜悦的分享者。

当幼儿通过努力而有收获时，教师应该是第一个为他祝贺的人，而且应该为他宣传，并与整个集体一起分享他的快乐。

**聚焦职场**

针对教师在过渡环节的角色定位，你觉得自己能达到文中的哪些要求？还需要在哪些方面进行提高？

## 四、课证融通

幼儿园教师资格考试"保教知识与能力"科目对本模块内容的考查及例题见表8-6，需要着重学习和思考。

表8-6　幼儿园教师资格考试"保教知识与能力"科目对本模块内容的考查及例题

| 幼儿园教师资格考试"保教知识与能力"科目 |
| --- |
| 考试目标：掌幼儿生活指导的基础知识与能力；掌握幼儿园一日生活和幼儿卫生、保健、营养、安全等方面的基本知识，并在实践中应用。<br>考试内容与要求：<br>了解幼儿生活常规教育的要求与培养幼儿良好生活、卫生习惯的方法。 |
| 论述题：（2015年下半年国家教师资格考试"保教知识与能力"真题）<br>举例说明如何在幼儿园一日生活中实施动、静交替的原则。 |

## 五、阅读思享

推荐阅读：

林玉萍、王东芳，《灵动的瞬间——幼儿园过渡环节巧安排》，中国农业出版社有限公司，2016年出版。

推荐理由：

《灵动的瞬间——幼儿园过渡环节巧安排》立足一日生活过渡环节的多样性，构筑立体化、多层次、多角度的活动策略，结合每个过渡环节的价值分析适宜的组织内容及策略，为教师提供组织环境、指导方法，每节要点结合幼儿生理和心理特点进行阐述，包含典型案例佐证、案例评析引导、教师指导要点、附录参考案例等，从多侧面、多角度呈现过渡环节的内容，提升了本书的实用性，方便教师操作和使用。